国际儒学联合会资助出版

典亮世界丛书

《道法自然　天人合一》，彭富春　编著

《天下为公　大同世界》，干春松、宫志翀　编著

《自强不息　厚德载物》，温海明　主编

《民惟邦本　本固邦宁》，颜炳罡　编著

《为政以德　政者正也》，姚新中、秦彤阳　编著

《革故鼎新　与时俱进》，田辰山、赵延风　编著

《脚踏实地　实事求是》，杜保瑞　编著

《经世致用　知行合一》，康　震　主编

《集思广益　博施众利》，章伟文　编著

《仁者爱人　以德立人》，李存山　编著

《以诚待人　讲信修睦》，欧阳祯人　编著

《清廉从政　勤勉奉公》，罗安宪　编著

《俭约自守　力戒奢华》，秦彦士　编著

《求同存异　和而不同》，丁四新　等　编著

《安不忘危　居安思危》，吴根友、刘思源　编著

國際儒學聯合會·典亮世界丛书

以诚待人
讲信修睦

欧阳祯人 编著

人民出版社

出 版 说 明

　　2014 年 9 月 24 日，习近平主席在纪念孔子诞辰 2565 周年国际学术研讨会暨国际儒学联合会第五届会员大会开幕会上的讲话中，提出了包括儒家思想在内的中国优秀传统文化中蕴藏着解决当代人类面临的难题的重要启示："关于道法自然、天人合一的思想，关于天下为公、大同世界的思想，关于自强不息、厚德载物的思想，关于以民为本、安民富民乐民的思想，关于为政以德、政者正也的思想，关于苟日新日日新又日新、革故鼎新、与时俱进的思想，关于脚踏实地、实事求是的思想，关于经世致用、知行合一、躬行实践的思想，关于集思广益、博施众利、群策群力的思想，关于仁者爱人、以德立人的思想，关于以诚待人、讲信修睦的思想，关于清廉从政、勤勉奉公的思想，关于俭约自守、力戒奢华的思想，关于中和、泰和、求同存异、和而不同、和谐相处的思想，关于安不忘危、存不忘亡、治不忘乱、居安思危的思想，等等。"习近平主席的重要讲话高屋建瓴，视野宏大，思想深邃，深刻阐明了中华优秀传统文化为人们认识和改造世界提供的有益启迪，为治国理政提供的有益启示，为道德建设提供的有益启发，对传承弘扬中华优秀传统文化具有长远的根本的指导意义。

以诚待人　讲信修睦

1

　　为把学习贯彻落实习近平主席这一重要讲话精神进一步引向深入，国际儒学联合会与人民出版社共同策划了"典亮世界丛书"。丛书面向对中华文化感兴趣的海内外读者，以习近平新时代中国特色社会主义思想为指导，结合新时代中国的治国理政实践，由在中华传统文化领域深耕多年的学者担纲编写，从浩如烟海的中华典籍中精选与这十五个重要启示密切相关的典文，对其进行节选、注释、翻译和解析，赋予其新的涵义，以帮助读者更好地理解中华优秀传统文化之于当代中国的价值，为解决当代人类面临的难题提供中国方案，让中国优秀传统文化同世界各国优秀文化一道造福人类！

　　我们应秉持历史照鉴未来的理念，传承创新包括儒学在内的中华传统文化，把那些跨越时空、超越国度、具有当代价值的文化精神弘扬起来，倡导求同存异，消弭隔阂，增进互信，促进文明和谐共生，弘扬和平、发展、公平、正义、民主、自由的全人类共同价值，为共创后疫情时代美好世界、推动构建人类命运共同体而努力。

国际儒学联合会、人民出版社

2022 年 4 月

目　录

引　言

　　儒学是中华优秀传统文化的主干。习近平主席在纪念孔子诞辰2565周年国际学术研讨会暨国际儒学联合会第五届会员大会上强调，研究孔子、研究儒学，是认识中国人的民族特性、认识当今中国人精神世界历史来由的一个重要途径。尤其是先秦儒家圣贤，在其独特的历史背景下述作了具有本原意义、根源意义的儒家元典。这些先秦儒学元典为我们了解儒家文明的历史起源、明确原始儒学的时代内涵、诠释新时代儒学的思想价值起到了重大的作用。

　　儒家的核心思想是"仁者爱人"的"仁"学。在以六经、四书为核心的道德教化体系中"孝""悌""礼""义""德""智""诚""信""圣"等核心价值概念多次以不同形式被论及、类比，且多与"仁"有着密切的联系。这些概念总的来讲都属于儒家哲学的范畴体系，如果要拎出一条主线来进行概括，笔者以为，以"仁学"二字概言较为合适。孔、孟、荀等先秦诸儒（包括儒分为八的历史局面下的儒者）都有各自的哲学思想体系，甚至分歧较大，但如果用一个字归纳他们的思想共同之处，那就是"仁"。儒家言"仁者，人也"（《礼记·中庸》），其仁学传统是围绕"人"与"仁"关系来展开的学问，这个"仁"并不仅仅是孔子的"仁"学本义，孔门后学的"仁"学具有多面性和多样性，丰富了孔子仁学的意义世界。这也就是使用"仁学"概括的原因。汉代经学家刘歆言："周室既微，而礼乐不正，道之难

1

全也如此"，面对周文疲敝，礼乐不正，先秦儒家提出了以"仁"为思想内核的仁学来重塑社会礼乐秩序。先秦儒家仁学的精神特质是什么？如何把握？如何从儒家仁学的角度出发，辐射先秦儒家元典，进而探讨"待人以诚，讲信修睦"这一道德理念？便是本书的学术路径。

一

从本原意义上讲，先秦儒家的仁学来自上古的苍茫，赤诚于天、地、人。文化的产生往往是深刻、复杂而又漫长的，我们不能仅仅从孔子创发"仁学"后的角度考量这个事情，在"三坟五典""八索九丘"的前轴心时代，从《尚书》《诗经》《周易》等文本的内容里可以隐微反映出"仁"的精神特质，这都为孔门创造性地阐发"仁学"起到奠基作用。孟子倡"良知""仁政"，荀子重"仁义""礼法"，回归到孔子，其思想是以"与命与仁"为奠基的仁学。孔子的仁学是即心性即政治、即内圣即外王、即道德即秩序的，是圣之时者也。以往我们认识"仁"，多以"从人，从二"为基本解释，侧重于解释"仁"在人伦日常中的作用，但郭店楚竹书的"仁"字隶定为"恁"，即上身下心，身心合一的结构，这为我们认识"仁"的丰富内涵提供了重要视角，即应将"仁"当做基于身心一体基础上生命的学问，学问的生命，仁学不再仅仅是人伦日用，更是贯通身心，进而冥合天人。由此，再结合"与命与仁"的儒家仁学架构，便启示我们：从"天命靡常"到"天命之谓性""性自命出，命自天降""天降大常，以理人伦"，都离不开一个"诚者，天之道也"的形而上本体。

"以诚待人，讲信修睦"的核心思想是"诚信"。郭齐勇先生认为，"仁爱""诚信"是儒学的核心价值观，是源远流长的优秀传统文化中最重要的核心的道德价值，是我国的传统美德，且是有生命力的价值理念，是当下与今后较长的时期我国社会生活中最需要的道德价值。笔者受此启发，进而关注"仁爱"与"诚信"如何会通？如何在儒家元典中体现出两者的深刻关系？《论语》载："子罕言利，与命与仁"，这里的"与"作"从"讲，动词。也就是说，孔子很少谈名利，多是依从天道与仁道言语。我们进而思考，这里将仁道与天道并举，两者的桥梁是什么？"仁者，人也"和"诚者，天之道也；诚之者，人之道也""诚者，天之道也；思诚者，人之道也"将我们把目光放在"诚"上，诚作为天道的本体和功夫，无声无息，道心惟微。从仁道出发的人道，其稠适上遂必然通过"诚"与天道相贯通，或者说"仁"的实现过程必然需要"诚"的全程参与，先秦儒家仁学的彰显也必然依赖于"诚"，这样的过程笔者姑且概之为"守仁与诚"。

《管子·枢言》载："先王贵诚信。诚信者，天下之结也"，这里的"结"意为"关键"。《说文解字》释"诚"为"信"、释"信"为"诚"，两者是一体两面的关系。阐发儒学的"诚信"思想，从儒家仁学的形而上角度看就是阐发"诚"道，以"诚"道统摄"信"道，以"信"道彰显"诚"道。《广雅》注"诚"为"敬也"。《增韵》注"诚"为"纯也，无伪也，真实也"。从广义上看，"诚"道实则通天人、贯身心、成人伦，是我们每个人安身立命不可缺少的宝贵品质。由此，"守仁与诚"的儒家仁学也得以展现在我们面前。

《孟子》载："居天下之广居，立天下之正位，行天下之大道，得志与民由之，不得志独行其道，富贵不能淫，贫贱不能移，威武不能屈，此之谓大丈夫。"焦循注"广居"为"人生天地间"，意为仁道自得之广大。"正位"指身心顺调于阴阳基础上的礼乐修养。"行天下之大道"则是为了"全其居广居、立正位之身"，指仁义大道。大丈夫用身心一体的仁道安身立命，里仁为美，极高明而道中庸。"天"的博厚、高明、悠久是君子之所以能够居之的前提，从"守仁与诚"的角度看，"居天下之广居"是天人层面的仁德与诚道的冥合，反映了先秦儒家仁学创发与"诚"思想的密切关系，是讲"天命之谓性"的仁道；"立天下之正位"是讲"践其位，行其礼"的礼道；"行天下之大道"则是基于前两者基础上的"得志，与民由之；不得志，独行其道"的义道。三位一体，用"诚"贯穿其中，揭橥"待人以诚，讲信修睦"的深刻内涵，这样的一个写作思路贯穿本书。

二

孔子之前，先秦元典罕言"仁"，天道与仁道的互动更多地体现在天与"德"的互动上，而这一互动过程必然需要"诚"的参与。《尚书》和《国语》所记"绝地天通"一事，提到了蚩尤作乱（"九黎乱德"）导致"民神杂糅"，由此带来的宗教秩序混乱影响了现实世界的人间秩序，苗民"罔中于信"等乱行危害了社会秩序，因此颛顼授命重、黎使天地不通，恢复了"民神异业"的状态，进而"民是以能有忠信"，"神是以能有明德"进而可以继续下降人间，这里的忠信之道很显然就是明德诚道的下潜。这里的"诚"带有宗教性意味，尤其是前轴心时代，宗教性的存在毋庸置疑。陈来先生指出，中国古代文明演进的一大特色是文明发展的连续性气质。三代的巫觋、宗教、礼乐、祭祀、政治往往是杂糅难分的，宗教性的弥散与德性的逐步彰显是一体的，"我不可不监于有夏，亦不可不监于有殷"（《尚书·召诰》）"《诗》云：'维天之命，于穆不已！'盖曰天之所以为天也。'于乎不显！文王之德之纯！'盖曰文王之所以为文也，纯亦不已。"使得"以祖配天"到"以德配天"的人文化、内在化、道德化进路成为历史大势，"恐惧的宗教"向"道德的宗教"转型成为历史的必然。《尚书》中强调"以德配天""敬德保民"的观念，"德"的彰显必然依靠"诚者，天之道"的诚纯。

《尚书》开篇："曰若稽古，帝尧曰放勋。钦明文思安安，允恭克让，光被四表，格于上下。克明俊德，以亲九族；九族既睦，平章百姓；百姓昭明，协和万邦。黎民于变时雍。"（《尚书·尧典》）尧帝之"勋"的最终效验是使百姓"时雍"，"时雍"也是"大同"的效验，目的是恢复百姓的和谐、质朴、真诚。这种古典政治哲学理论的理论基础有二：其一是"天命之谓性"的天人观；其二是"唯天下至诚"的圣人观。就第一点而言，古人对于"天"的认识从来是存有敬畏的，"今夫天，斯昭昭之多，及其无穷也，日月星辰系焉，万物覆焉"。这都来源于天的博厚、高明、悠久，"博厚，所以载物也；高明，所以覆物也；悠久，所以成物也"。"天何言哉"的"至诚无息"使得天道的下潜必然与万物发生联动。在甲骨文里，"性"写作"生"，反映了生命的趋向性、动态性的发展过程，人生天地间，又因人是"天、地、人"三才之一，朱熹认为，"天命之谓性"是"道之本原出于天而不可易"。"诚之者，人之道也"反映了"诚"作为一种能动的生命状态，将高高在上的天与现实世界的人联系起来，天人互动，从而使得"天命之谓性"的天人观既超越，又内在。

朱熹认为，"天下至诚"是指"圣人之德之实"。就"唯天下至诚"的圣人观而言，圣人之"诚"是"大德敦化"，彰显了"天地之所以为大"。其功能是："经纶天下之大经，立天下之大本，知天地之化育"，其过程是："唯天下至诚，为能尽其性；能尽其性，则能尽人之性；能尽人之性，则能尽物之性；能尽物之性，则可以赞天地之化育；可以赞天地之化育，则可以与天地参矣"，其效验是："肫肫其仁！渊渊其渊！浩浩其天"，进而可以"前知"，至诚如神。圣人之所以是圣人，因为他们真切地把握了"道心"，"人心惟危，道心惟微，惟精惟一，允执厥中"。朱熹认为，"尽其性者德无不实，故无人欲之私，而天命之在我者，察之由之，巨细精粗，无毫发之不尽也。"圣人没有人欲之私，涵养德实，体知天命。

圣人涵养德性的过程是"自诚明"。因为"夫大人者，与天地合其德，与日月合其明，与四时合其序，与鬼神合其吉凶。先天而天弗违，后天而奉天时。天且弗违，而况于人乎？况于鬼神乎？"圣人德性自足，《大学》进一步昭示："康诰曰：'克明德。'大甲曰：'顾諟天之明命。'帝典曰：'克明峻德。'皆自明也。"圣人对百姓的教化是"自明诚，谓之教"，也就是通过教化的途径来恢复人的自明德性。"性相近也，习相远也"，孔子很敏锐地意识到人性与人习的差别，进而倡导"爱人""克己复礼为仁"，并为普罗大众确立了"仁远乎哉？我欲仁，斯仁至矣"的仁学道德信念。

"自明诚"对于个体而言即"修身"。君子"修身则道立"，从守仁与诚的角度看，修身首先要诚身，"顺乎亲有道：反诸身不诚，不顺乎亲矣；诚身有道：不明乎善，不诚乎身矣"。只有明德，而且是基于天道与仁道联动的"明明德"才能诚身，进而顺亲，孝养父母体现出诚敬。个体对于人身的真诚实际是人心真诚恻怛的真切流露。"所谓修身在正其心者，身有所忿懥，则不得其正；有所恐惧，则不得其正；有所好乐，则不得其正；有所忧患，则不得其正。心不在焉，视而不见，听而不闻，食而不知其味。此谓修身在正其心。"这里的"身"是指人的身体感官和心灵感受。只有把"心"正放在身上，才能把人自身的德性感召出来，面对"乍见孺子将入于井"时不至于"视而不见"。其次，修身不仅要正心，更要尽心、存心。"尽其心者，知其性也。知其性，则知天矣。存其心，养其性，所以事天也。妖寿不贰，修身以俟之，所以立命也。"只有尽心、存心，才能体察天性、天命，从而立命，与圣人同。通过"修身"，"自明诚"之于天道与仁道之间的流转更为突出，"诚者物之终始，不诚无物。是故君子诚之为贵。诚者非自成己而已也，所以成物也"。从而实现"诚则明矣，明则诚矣"的天人回环、圣凡无异。天道与仁德的互动也能由此得以建立，儒家的仁学传统也能立住根基。

三

天道与仁德的互动让我们看到先秦儒家的仁学来自于上古的苍茫，是"唯天下之至诚"的天人彰显，而仁德必然落实在人身上，所以要求我们修身，从现实践履层面看，关于修身的所有操练可概之为"礼"。礼的行动准则是六个字："践其位，行其礼"。也就是强调"不在其位，不谋其政"的立正位而行。

为何"立天下之正位"符合先秦儒家的仁学？其一，正位来自于天道。从儒学的宗教性来看，不论是孔子的"仁学"还是"礼学"，最高深的内容都是宗教。汉代以前的"仁"字，写作从身从心的上下结构，是一个身心互正、体察天道的宗教性词语。这个仁字与原始儒家的天命观是联系在一起的，体现了人之所以为人的真诚、尊严；其二，正位是所有人的正位。在圣凡异同问题上，孟子指出："舜，人也；我，亦人也。""尧舜与人同耳。"（《孟子·离娄下》）荀子也说："凡人之性者，尧、舜之与桀、跖，其性一也；君子之与小人，其性一也。"（《荀子·性恶篇》）体现了人人皆可居正位是我们每个人道德本性要求的，是现实权利本自具足的，也体现了先秦儒家仁学传统的平等、自由精神；其三，立正位是符合个体生命自性的。从本体生成的角度看，乾坤有别，各有其位，"夫乾，其静也专，其动也直，是以大生焉。夫坤，其静也翕，其动也辟，是以广生焉。广大配天地，变通配四时，阴阳之义配日月，易简之善配至德。"（《周易·系辞上》）"至德"是"易简之善"的具象，而这一"易简之善"也是"一阴一阳之谓道"仁学的应有之义。

"践其位，行其礼"首先是讲孝道，是"诚于中，形于外"的仁学向度。儒家强调"孝悌也者，其为人之本与"，关键要正确理解两个字：第一，"为"是"做"的意思，强调当下的践履和直观的感受，必须实际操练才能够体会出"人之所以为人"的内在德性。第二，

"本"是本原，出发点的意思，既涵摄根本义，也涵摄基本义。《论语》多言孝道，其正是用一"亲"字点明仁学。张祥龙先生从现象学的角度指出，人的真纯活体经验（如亲亲），一定会孕育出像恻隐之心这样的善良知行，在面对他人将陷于痛苦和死亡时，良知呈现、良能发动，突破自我乃至对象化的家庭圈子，达到诚仁。"不爱其亲而爱他人者，谓之悖德"的内在含义就是为了凸显"爱亲"能够在本原意义上发动人性之善，让人们感受到真实的生命体验，从而可以真诚恻怛。"不敬，何以别乎？"孝养父母最为关键的是礼敬，因为礼敬的出发点必须遵从内心的真诚感受，人禽之辨的奠基就是在此明了人之所以为人的生命尊严，只有这样，"三年之丧"的问题才能得到理解和回应。

"践其位，行其礼"也指敬始慎重，尽其诚，立其信。礼仪与礼义是一体的，但礼仪因时而变，譬如《朱子家礼》的制定就是为了符合时代需求，但又不丧失礼义。"君子敬始而慎终。终始如一，是君子之道，礼义之文也。"（《荀子·礼论》）三礼所规范的礼仪都有其严格的等级和亲疏划分，其目的依然是围绕秩序展开的，即"立隆以为极，而天下莫之能损益也"。对待礼仪尤其要注重"君子之于礼也，有所竭情尽慎，致其敬而诚若，有美而文而诚若"。尤其是面对丧礼时，孔子直言"大哉问"，礼所需财帛仪程宁可节俭，但对待失去亲人时的情感一定要悲伤真挚，不可"临丧不哀"。无论是"丧三日而殡"，还是"三月而葬"，都应直面上天的拷问，"必诚必信"，进而"祭如在，祭神如神在"，逝去的亲人如同在我们面前，"贤者之祭也：致其诚信与其忠敬，奉之以物，道之以礼，安之以乐，参之以时"（《礼记·祭统》）。只有如此，才是竭尽诚敬，从而"可以事鬼神"。从效验上看，才能"民德归厚"。

"践其位，行其礼"亦指"大乐与天地同和，大礼与天地同节"。礼乐文化是先秦儒家仁学传统的重要表现形式，礼乐是根本于人情人性、天命天道、仁心仁德的，若非如此，"人而不仁，如礼何？人而不仁，如乐何？"《乐记》讲"着诚去伪，礼之经也。""诚"道在很大程度反映在礼乐中的。没有礼乐的国度与社会不可能长久存在。世界上大多数有较长历史发展的民族国家都有着独具特色的礼乐文化，只是表现的方式不一样。都是人情人性本真、真诚的人生实践与艺术表达。"是故大人举礼乐，则天地将为昭焉。天地欣合，阴阳相得，煦妪覆育万物，然后草木茂，区萌达，羽翼奋，角觡生，蛰虫昭苏，羽者妪伏，毛者孕鬻，胎生者不殰，而卵生者不殈，则乐之道归焉耳。"（《礼记·乐记》）如何正确认识"乐之道"？礼乐和合的精神可以说是"情深而文明，气盛而化神。和顺积中而英华发外，唯乐不可以为伪"，而这样的一种精神气象，反映在自然事物上就如上文所言那般祥和、诚恳、和睦。从精神气质上看，可以说是"万物并育而不相害。道并行而不相悖"。而这里凸显的就是"乐之道"的显化。"乐之道"的显化究其根本还是音乐带给人的精神滋养所产生的天人向往。这就导向了"大乐与天地同和，大礼与天地同节"的境界之中。

"践其位，行其礼"让我们在天命流转中认识到"不知命，无以为君子也。不知礼，无以立也"，进而把"道德仁义，非礼不成"的先秦儒家仁学落实在生活的方方面面，从而面向"博学于文，约之以礼，亦可以弗畔矣夫"的现实世界。

四

先秦儒家的仁学除了仁道和礼道的思想建构外，仍需通过义道上通下达，君子"义以为质"，进而"礼以行之，孙以出之，信以成之"。"义者，宜也"是义道的表现形态，但仁义之道的推扩和展开仍然需要"诚"。"行天下之大道"是讲与他人相处的基本原则，是"得志，与民由之；不得志，独行其道"的仁义之道，是先秦儒家政

以诚待人 讲信修睦

治哲学的重要内容。

"行天下之大道"须由仁义行，修辞立其诚。首先要在义利之间做出正确的选择。思孟一系儒家强调的是仁义内在，性由心显。把仁义都视为内发性的德性。一个人到了关键的抉择的时候能否发动本心之真诚，做到"见危致命，见得思义"是衡量一个人修养的关键，而"君子怀德，小人怀土；君子怀刑，小人怀惠"。是君子小人之辩的基本特征，从而以君子道行于世时要注意，"放于利而行，多怨"，做人做事宜以公心处之。其次，君子欲讷于言，而敏于行。作为君子，应当"先行其言，而后从之"，踏实做事，"终日乾乾，夕惕若，厉无咎"。这是因为"君子进德修业。忠信，所以进德也；修辞立其诚，所以居业也"(《周易·象传》)。忠信以进德，立诚而居业。人无信不立，人无诚亦不立。真正有仁德的人话并不多，"刚毅木讷，近仁""仁者，其言也讱"。语言是一把双刃剑，言多必失，因而"有德者必有言，有言者不必有德"，乡原往往是话最多的，被称之为"德之贼也"，因为他们往往"其言而过其行"。要把握说话的分寸，"可与言，而不与之言，失人。"这里面就有一个"诚"道，可以与他说话但却不说，便是不真诚，会失去这个朋友。其实只要与别人真诚地相处久了，"或出或处，或默或语。二人同心，其利断金，同心之言，其臭如兰"(《周易·系辞上》)便可以轻松达到。"修辞立其诚"，"不诚无物"的思想运用到具体政治下："言忠信，行笃敬，虽蛮貊之邦行矣；言不忠信，行不笃敬，虽州里行乎哉?"诚然是"一言偾事，一人定国"。

"得志，与民由之"首先要求我们做人要有信用。孔子说"人而无信，不知其可也。大车无輗，小车无軏，其何以行之哉？"不讲诚信，不可立于世。一个真正的君子可以"托六尺之孤，可以寄百里之命，临大节而不可夺也"，就是因为他具备了诚信、果敢的品质，这样的人"能好人、能恶人"，也表征了他具备了大丈夫的胸襟、气度、智慧。在国家的治理中，子曰："足食，足兵，民信之矣。"子贡曰："必不得已而去，于斯三者何先？"曰："去兵。"子贡曰："必不得已而去，于斯二者何先？"曰："去食。自古皆有死，民无信不立。"这也要求我们"主忠信"，面对天下事应当"义之与比"。其次，作为为政者应当有"子率以正，孰敢不正"的政治责任意识。"是故君子有诸己而后求诸人，无诸己而后非诸人"（《礼记·大学》）先从自己做起，再去要求他人。进而体现为"君仁，莫不仁；君义，莫不义"的政治逻辑，进一步讲，君民关系的双向互动是民本政治运行的重要保证。《荀子·王制》中引用"君者，舟也；庶人者，水也。水则载舟，水则覆舟"的比喻，也就是强调了君民之间唇亡齿寒的关系，适用于一切为政者与老百姓。

"不得志，独行其道"是先秦儒家政治哲学非常高明的智慧。首先表现在"忠恕"之道，尤其是"恕"，子贡问孔子什么可以奉行终身，孔子回答："其'恕'乎！己所不欲，勿施于人。"也就是要以"絜矩"之道待人，《大学》提到："所恶于上，毋以使下；所恶于下，毋以事上；所恶于前，毋以先后；所恶于后，毋以从前；所恶于右，毋以交于左；所恶于左，毋以交于右。此之谓絜矩之道。"将心比心，无论是自己喜欢的还是厌恶的，都应当本着诚心对待他人。这样才能"在邦无怨，在家无怨"。其次，要有"知止"的智慧，这种智慧基于人格的独立与平等意识，子贡问友。子曰："忠告而善道之，不可则止，毋自辱焉。"个体与个体之间是存在差别与距离的，不要试图把自己认为的"善道"强施于人，尤其是面对政治黯淡的时候，很多人选择做"逸民"，即使心中有再多理想抱负，都先埋藏起来。因为，"国有道其言足以兴，国无道其默足以容"，"逝者如斯夫"，只有内心的道德法则与道德理想，以及对于善的坚守和人格独立的追寻是永恒的，有智慧的人"隐居以求其志，行义以达其道"，只有保身、修身才能在合适的机会用身，立身行道。因此，"为政在人，取人以

身"，进而"修身以道，修道以仁"，让我们进入"以诚待人，讲信
修睦"的世界。

五

"以诚待人，讲信修睦"是一个大话题，上文分别从仁道、礼道、
义道三个维度，借助"守仁与诚"这一内在主线简要论述此核心价
值理念的理论意义与实践路径。先秦儒学面对的社会环境何其动荡，
但身处乱世的圣哲却能够从现实人生出发，究天人，明古今，把道
理说得如此通透、明了。这些道理依然可以为我们当下提供参考。
古镜今鉴，可以知得失。

对"以诚待人，讲信修睦"这一道德理念的学习为我们进入中
国古典学的世界提供了一条可大可久的人文之路。中国古典学不仅
仅包括儒学，还有诸子百家、佛道哲学、民族哲学、艺术哲学等。
本书摘编的所有选读材料尽管都是儒家经典，但这并不妨碍我们通
过对儒学的学习和深入进而打通儒释道。因为中国人的哲学实际上
是人生哲学，是以德性追寻为主的哲学。面对所有的学问，我们必
须做到真诚。而真诚这种品质是"以诚待人，讲信修睦"的核心理念，
也是儒家仁学的内在理路。"思诚者，人之道也"，我们要时刻提醒
自己要真诚地面对学问，认真体会经典的内在思想，并结合自己的
现实人生进行体悟，从而让经典的力量变成我们每个人自身的德性
力量，让经典的生命与我们自己的生命相续，这样，当我们蓦然回
首时，才恍然大悟两千多年前的圣哲早就为我们的人生指明了方向。
学习中国文化，研究中国经典是一件很严肃的事情，不能搞文字游
戏，取向谄媚。王阳明之所以认为"圣人之学，心学也"，正是看到
了当时读书人沉溺于文字游戏，把辞章典故利用为党同伐异、科举
晋升的工具，糟蹋了经典。阳明心学的核心是良知之学，是真诚之
学，这是我们通过本书主题所作的一点延伸。中国古典学术的传承

与发展离不开"尊德性"与"道问学",王阳明从来不反对"道问学",关键是以怎样的态度"道问学",是志在圣贤,还是志在功名?

对"以诚待人,讲信修睦"这一道德理念的学习为我们每个普通人修身立命提供了可以借鉴的修养功夫,仁、礼、义三位一体。以诚待人的前提是以诚待己,一个人如果不能真诚地面对自己,不知廉耻,不知恻隐,故意在"乍见孺子将入于井"时将自己的"怵惕恻隐之心"掩盖起来,避而不见,这等同于间接杀人。只有以诚待己,才能够体会到人之所以为人的人性尊严、生命平等与自由。"欲正其心者,先诚其意",只有看到自己人性的善端,才能够有为善去恶的信心,才能找到对中华自信的基点。从而熏之以礼乐教化,忠恕待人,以诚待人,并且能够明了社会法度,践行家国大义。从而把诚信的为人操守落实到生活的方方面面,团结乡里邻居,"让他三尺又何妨",锻造自己德性的定力与韧性,从而把"修身为本"的人生哲学"一以贯之",推扩仁心,上学下达。"诚者,自成也",自己认识自己,自己锻造自己,自己成就自己。这并不是讲修养是一个闭门造车的过程,而是在与圣贤、与经典、与家人、与朋友、与领导、与陌生人等交往的过程中自己挺立自己的道德主体性,"先立乎其大",把"诚"的人生哲学真正掌握住。

对"以诚待人,讲信修睦"这一道德理念的学习为我们认识和学习先秦儒家的政治哲学发挥了管中窥豹的作用。儒家政治哲学是《大学》之道,是内圣外王之学。"内圣"是指把德行修养做到最好,"诚于中,形于外",真正理解儒家经典所赋予每个人人性的自由、平等、尊严;"外王"是指尽善尽美地处理好身边的一切关系,进而推己及人,为政爱民等。"以诚待人,讲信修睦"这样一个过程看似是"对待别人应当真诚,对待邻居应当守信"一个简单的道理,但深究起来,其隐含着内圣外王之道,"诚信"首先得是自己对自己诚信,自己对自己真诚,"诚意"而后"心正","子率以正,孰敢不正"。

不能把"内圣"做好,"外王"只能是空谈。不能"明明德",何谈"止于至善"。这是根本性的问题,需要我们每个人反思。

"以诚待人,讲信修睦"的道德理念如何通过"守仁与诚"的哲学命题和实践路径展开与落实,在上文中已经给出了扼要的答案,当然,笔者不可能提供出标准答案,而只能是参考答案。中国特色社会主义进入新时代,儒学的百年复兴也处在"两个一百年"的关键节点,新冠肺炎疫情等不确定因素加重了人们对生活、对未来的焦虑,等等因素让我们在百年未有之大变局中不得不反身自省,我们应当成为一个怎样的人?我们对待经典的态度应当如何?经典对于我们的意义是什么?进而,我们每位读者在阅读到此书时应当思考:仁学作为儒学的价值本体在新时代需要怎样弘扬与继承?特别是"以诚待人,讲信修睦"的道德理念在当下社会的境遇中如何凸显其自身的理论价值与现实意义?在百年未有之大变局中本书贡献出怎样的中国智慧?对我们每个人安身立命有什么启发?这都需要我们每位读者阅读本书后,得出自己的答案。

第一篇

天 人

博厚、高明、悠久的「天」，乾元刚正，风雨博施，周流六虚，云行雨施，品物流形，是一切山川河流、鸟兽虫鱼、万事万物的造化之机、生命之源。所以，世界上最重要的关系首先是天人关系。天、命、性、情，天地流转，天生人成，下学上达，构成了我们的世界氤氲蒸腾，元亨利贞，保合太和的美好境界，确定了我们感恩、敬畏、责任、奉献的信仰基础、诚信前提，以及我们每一个人幸福的源泉、成功的先验性规定。

大哉乾元！万物资始，乃统天。云行雨施，品物流形。大明终始，六位时成，时乘六龙〔1〕以御天。乾道变化，各正性命，保合大和，乃利贞。首出庶物，万国咸宁。

——《周易·乾·象传》

▌注释▐

〔1〕六龙：指乾卦的六爻。

▌译文▐

刚健的乾元是天地间万物的创生之源。阳光雨露无不覆载而生养万物。无边无际，无始无终，六位刚乾，云行雨施，生生不息，创造性命，性情流转。物华天宝，天造地设，保合太和，给我们打造了一个以诚待人、讲信修睦的美好环境。

▌解析▐

我们知道，《周易》之前有《连山》《归藏》的古老传统和学脉。所以，从历史文化的发展历程来讲，《周易》是穿越了上古时代的烟云，带着浓重的万物有灵的巫术文化痕迹来到了我们先秦时期的西周时代。所以，《周易》中的"天"具有主宰和意志的成分，在中国人的思想意识中具有生养万物的崇高地位。它博厚、高明、悠久。从《易》《庸》合说的学术角度上来讲，我们可以把《礼记·中庸》的"诚者天之道也，诚之者人之道也"视作对《周易》之"天"的诠释。《中庸》抓住了《周易》的根本。

刚健乾元，道体无边。云蒸霞蔚，品物流形。以其精诚的原始创生力量，创造了一切山川河流、鸟兽虫鱼、草木植物，特别是创造了人之所以为人的性情世界。"以体天地之撰，通神明之德"。这是天、命、性、情的流转，亦是元、亨、利、贞的显现。这种刚乾精神，纯粹精一、诚纯专一，其核心的品质就是"诚"。《礼记·礼运》载曰："夫人者，天地之德，阴阳之交，鬼神之会，五行之秀气者也。"这是在说，人不仅是天之"诚"阴阳激荡的结果，而且，终其一生，都要下学上达，建中立极，保合太和，在一切的视、听、言、动之中，体现天道的精神。夭寿不二，修身以俟之，所以立命也。不论逆顺，造次必于是，颠沛必于是，成之者性也，继之者善也，各正我们自己的性命。这是我们以诚待人，成人成己，讲信修睦，建立诚信社会的前提与基础。

天地感而万物化生，圣人〔1〕感人心而天下和平。观其所感，而天地万物之情可见矣！

—— 《周易·咸·象传》

注释

〔1〕圣人：有德行的圣君，如尧舜。

译文

天地神灵相互感应，所以感动催化，才导致了万物的生生不息。圣人在天地的感应之中受到启发，其教化活动正式通过人心之间的相互感应，才打造了万物和畅，天地熙和的诚信世界。通过天地之间、人心之间的"感"，我们才能够感悟到世界上万事万物的本质、人的本质。

解析

世界的本质是人的"心"，是人心的相通。所以，《周易》的六十四卦，三百八十四爻都是建立在卦爻彼此之间的感通之上的。《系辞上传》指出："《易》无思也，无为也，寂然不动，感而遂通天下之故。非天下之至神，其孰能与于此？夫《易》，圣人之所以极深而研几也。唯深也，故能通天下之志；唯几也，故能成天下之务。"所以，《周易》的六十四卦中，"感通"的思想贯穿始终。大道茫茫，无思无虑，看不见摸不着，但是它却无处不在，一草一木、一砖一瓦、一举手一投足之间，都有感通天地之间最隐秘、最深沉的神经。这种感通的精神是天下的至神、至深、至圣的幽微玄机。它导致天地万物的生生不息，更导致了人之所以为人的良知自省、下学上达。更由此推展开去，导致了社会的诚信与祥和——保合太和。这是世界的本质，更是人的本质。天地之间如果没有祥和感通，世界就会出现重大的灾难。社会如果没有人与人之间的祥和感通，人之所以为人的精神就会走上邪路，人与圣洁的"天"的内在超越、流转之路就会被扭曲、污损、变形，并且由此会环环相扣，恶性循环，进入到天下大乱的境地。因此，在《周易》看来，天地之间、人心之间建立在良知之心基础之上的"感通"，是天下之故，天下之几，天下之志，天下之务。

夫易，广矣大矣！以言乎远则不御〔1〕，以言乎迩则静而正，以言乎天地之间，则备矣。

——《周易·系辞上》

注释

〔1〕御：掌控。

译文

易理多么广大无比啊！将它比拟于远处，则变化穷深、遥无止境；将它比拟于近处，则宁静端正没有邪私；将它比拟于天地之间，则完备充实、万理俱在。

解析

这一条是赞美易道的宽广、伟大。"易"指易道，也即阴阳之道、天地之道；"御"是止的意思，"不御"即不止，犹言没有边际、遥无止境。这一句的意思是说，易道既广且大，其理一方面弥纶天地，另一方面又纤细靡遗。从"远"的方面来说，世间万物的生成、变化和发展，无不是宇宙之大化流行、天地之阴阳运化。所以，日月星辰的运行、山川河海的奔腾等皆是天地之道的呈现；从"近"的方面来说，其理就存在于具体的、细微的事物与个体之中，即使是最小最近最为鄙陋的事物，其背后都蕴含着天地生物之德、乾坤运化之道。因此，总括"远"与"近"这两方面来说，天地之道彻上彻下、无所不在，正所谓"范围天地之化而不过，曲成万物而不遗"，因此可以说易道广矣、大矣，它是"大而无外、小而无内"的，以阴阳之气的变化，充盈于天地之间。

从整个先秦儒学的背景来看，儒家认为，"天地之大德曰生"，"诚者天之道"，即是说在先秦儒家那里，天道以"诚"为其最本质、最真实的内容，而其最高的德行就是创生养育万物，并且天道创生养育万物的过程是没有止境和没有界限的，由此就展现为宇宙万物的生生不息和易道之宽广伟大。而就我们人类而言，在这一创生的过程当中，博厚、高明、悠久之"天"把其最真实最本质的内容"诚"赋予我们每一个人。由此，这一真实而又超越的"诚"就构成了我们每一个人都具备的内在德性的本原，构成了人之所以为人的终极根据与价值源头，而这一内在本性的最终来源就是"天道"。因此，我们对超越之"天"要有所敬畏和景仰，要深入体悟"天"所赋予我们的神圣使命，为了不辜负上天所赋予我们的这一本质特性，我们每一个人所要做的就是去求"诚"，要主动地、自觉地去做有道德的事情，在道德的实践功夫中去做一名真正的君子，达到一种与天地并参的境界，也即是努力实现天人合一、与道合一，在最平常的日用事为之中展现易道的宽广伟大，同时也挺立自身的内在之"诚"。

夫乾，其静也专，其动也直，是以大生焉。夫坤，其静也翕〔1〕，其动也辟，是以广生焉。广大配天地，变通配四时，阴阳之义配日月，易简之善配至德。

——《周易·系辞上》

注释

〔1〕翕：隐幽收拢。

译文

象征阳的乾道，当其宁静的时候其形团团、阳气含藏，当其发动的时候其形刚直、直遂不挠，所以生出刚大的气魄；象征阴的坤道，当其宁静的时候闭藏微伏，当其兴动的时候开辟展布，所以生出宽柔的气质。乾坤的宽广伟大与天地相配，它的变化流通与四季相配，乾坤与阴阳的意义与日月相配，平易简约的极致美善与大道至高无上的德业相配。

解析

这一条阐述乾坤之特性。朱熹在《周易本义》中解释说："乾坤各有动静，于其四德见之，静体而动用，静别而动交。"乾和坤象征着雄雌，它们通过彼此的交互作用创生了天地万物，实乃万物之父母。但是，乾与坤又各有自己的动静，在其动时静时又分别有着不同的特点和功用。乾之特点，当其静的时候，其形团团，柔软而下垂，此时乾之阳刚之气潜藏于内；当其动的时候，其形刚直而不屈不挠，此时乾之阳刚之气表露于外。而坤之特点，静的时候紧紧闭合，动的时候则大为开辟。乾与坤就是通过自身所具备的这些德性功用在永恒的一动一静之过程中创生天地万物，乾之阳气发挥之时，规模宏大，无所不到，而坤之德含宏广大，皆能恰当承受与配合乾气之表露，它们相辅相成，彼此交融，所以"大生焉""广生焉"，体现了易道的生生之德，并由此产生了天地宇宙之种种人物现象。就自然现象而言，四时之流行、日月之更迭从来都是有条不紊的，春夏该来时，绝不来秋冬，该出太阳时，绝不出月亮，仿佛永远信守自己的承诺、永远忠于自己的职守一般，这就是自然界的大诚大信，也即是以乾坤为其内容的天道之"诚"。

中国先哲们谈宇宙之大化流行、天地之阴阳运化、乾坤之专直翕辟，最终的目的还是为了落实到我们人身上来，讲天道是为了修人道。因此，乾坤就进一步引申为两种不同的原则、力量与德性。乾代表自强不息、奋发有为、百折不挠的进取拼搏精神，坤代表厚德载物、胸襟开阔、谦虚谨慎的宽厚包容精神。而我们每一个人也不仅要在四时之流行、日月之更迭当中，深刻体悟到乾坤之德性功用和天道之"诚"，还要在实实在在的日用事为当中效法天地乾坤，培养刚健自强与厚德载物的精神品质，永不停歇、永不放弃，追求大诚大信，在此过程中提升精神境界，呈现天道之"诚"，达至即内在、即超越的君子人格。

是故阖户谓之坤，辟户谓之乾，一阖〔1〕一辟谓之变，往来不穷谓之通。见乃谓之象，形乃谓之器，制而用之谓之法，利用出入、民咸用之谓之神。

—— 《周易·系辞上》

注释

〔1〕阖：关闭。

译文

因此，据《易》理可知关闭门户以包藏万物就叫作坤，打开门户以吐生万物就叫作乾，一闭一开的交互感动就叫作变化，往来不穷的变化发展就叫作会通。显现出来的就叫作表象，具有形体的就叫作器物，创造器物供人们使用叫作仿效，各种器物反复利民，百姓都在使用却不知其来由这就叫作神妙。

解析

"阖"为关闭，"辟"是开启，这一条是用门户的开启象征乾，用门户的关闭象征坤，用门户的一开一合象征一阴一阳的变化，用一开一合的往来不已象征阴阳变化的畅通无阻。"见乃谓之象"指日月星辰在天所成的象，"形乃谓之器"指在地上生长不息的有形万物，可以被人们当成器物来使用。圣人通过观象于天、效法于地，制作器物以供百姓日用之需，修订礼乐制度以立人格教化，这就叫做"法"。圣人制器修礼以周民用，百姓用之不遗，所以是"利用出入"，百姓都需要使用但是不知道其所由来，所以就叫做"神"。

这一条通过由天道而及人道的理路来阐明宇宙造化之序，天道、人道在本质上是一致的。从天道来说，乾元以其精诚的创生力量，创造了天地间的一切事物与现象，阴阳之气无穷无尽的往来屈伸形成了整个宇宙的生生不息、大化流行，乾坤阴阳的规律运作与相互搭配成就了天地之间的秩序井然、祥和安宁。因此，从人道而言，最理想的状况便是大家都能够敦睦相处、待人以诚、修己以仁，以实现人类社会的和谐与幸福，达至天人和谐的完美之境，从而一方面给每一个人提供了一个公平正义的外在环境和可以自由发展内在本性的广阔空间；另一方面也在彼此诚信和睦的社会中使大家不断提升内在的道德修养，尽性知命、下学上达。这也正是圣人仰观俯察、制而用之的本意和初衷。

极天下之赜〔1〕者存乎卦，鼓天下之动者存乎辞。化而裁之存乎变，推而行之存乎通，神而明之存乎其人。默而成之，不言而信，存乎德行。

——《周易·系辞上》

注释

〔1〕赜：深奥的道理。

译文

穷极天下幽深难见道理的在于卦形的象征，鼓舞天下奋动振作的在于卦爻辞的精义，促使万物交相感化而互为裁节的在于变动，让万物顺沿着变化推广而旁行的在于会通。使《周易》的道理神奇而显明的，在于运用《周易》的人。（学《易》的人）默然潜修而有所成就，不须言辞而能取信于人，在于美好的道德品行。

解析

"赜"是精微深奥之意，也即蕴含在可见事物背后的精微深奥之本质。圣人观察到自然的运行虽变动不居但有条不紊，万物的呈现虽各有形容但也各得其宜，从而悟得天地生化之理、万物运化之赜，所以就通过卦象来象征事物的情状，以便人们可以通过具体的"象"来一窥事物的本质，从而体察到天下幽深难见的道理；又通过卦爻辞来指导天下之人顺天道而行，趋事赴功、开物成务，以此鼓舞人们奋动振作、自强不息，所以说"极天下之赜者存乎卦，鼓天下之动者存乎辞"。这一条内在蕴含的仍然是由天道之"诚"而及人道之"诚"的天人贯通理路。

人处天地之间，虽身属万物之中，但贵为万物之灵，可与天地相参。一方面，因为我们皆来源于博厚、高明、悠久之"天"，为天所生，因此我们对苍苍之"天"须怀敬畏之心，应顺天地之道而行；另一方面，我们虽为天之所生，但同时也即参与到生生的过程当中，从终极根源处看，生我者天地，但是成我者却是自己，正所谓"天生而人成"。所以，我们一方面要体悟到天地之间幽深难见的道理，以见易道之宽广伟大、以体天地之大诚无为、以明自身之终极来源，同时还要自觉发挥内在的主体性、能动性和积极性。不仅要有理性的认知，最重要的还要有实际的运用，通过易道的变通原则在实际的事务当中"化而裁之""推而行之"，发挥主观能动性，挺立内在道德主体，以呈现乾坤之德、天道之"诚"，最终达至"默而成之，不言而信"的大诚之境，并由此构建一个彼此以诚待人、讲信修睦的理想社会和意义世界。

夔〔1〕曰："戛击鸣球，搏拊琴瑟以咏。祖考来格。虞宾在位，群后德让。下管鼗鼓，合止柷敔〔2〕，笙镛以间。鸟兽跄跄。箫韶九成，凤凰来仪。"夔曰："於！予击石拊石，百兽率舞，庶尹允谐。"

———《尚书·虞夏书·皋陶谟》

注释

〔1〕夔：尧帝和舜帝时期乐正官。

〔2〕柷敔：乐器名。奏乐开始时击柷，终止时敲敔。

译文

夔说："（乐工在堂上）敲击玉磬，搏拊琴瑟，以协合咏歌之声。乐声感动祖先神灵全来降临。这时虞宾在祭位，诸侯助祭，也都以德互相礼让。（而堂下之乐）管及鼗鼓并奏，合之节乐的乐器柷敔，协调匏笙及镛钟相间而奏，乐声悠扬中感致鸟兽跄跄而舞，舜的大舞乐章《箫韶》演奏九遍，全乐九成奏毕，神鸟凤凰也仪态万方地翩翩前来翔舞。"夔还说："我击打大小玉磬，以协奏全部乐章，感通百兽相率而舞，百官对乐声感受更深，也都能真诚地配合和谐一致。"

解析

这一条所描述的应当是在举行祭祀时的某种仪式。"夔"是虞、舜朝廷中的乐官；"戛"为轻轻地击打，"击"为重重地击打，"戛击"即是敲击、击打之意；"搏拊"在这里意同"搏抚"，相当于现在所说的弹奏。"鸣球""琴瑟""柷""敔""笙""镛"皆为乐器。在举行祭祀之时，庙堂之上的乐工们敲击玉磬，弹奏琴瑟，以此来与咏歌之声协和搭配。由于此时音乐和咏歌之声完美地配合，彼此相得益彰，于是便感动了祖先神灵，使得他们全来降临。参与祭祀的各个人员，也都各在其位、各司其职，彼此之间相互礼让，上下有序，进退有节。而在庙堂之下，管、鼗、鼓三类乐器也开始演奏起来，并配和柷敔来调节音乐的舒疾断续，匏笙和镛钟也随着音乐的节拍相间而奏，期间，众多鸟兽也受乐声的感染兴发，随着音乐跄跄而舞，尤其是在把舜的大舞乐章《箫韶》演奏九遍之后，神鸟凤凰也仪态万方地翩翩起舞。

可见，悠扬协调的乐声不仅感动了百官，也感动了祖先神灵、感动了鸟兽。之所以在一个祭祀的礼仪之中能够达到如此神奇的效果，不是因为各种乐器和礼器本身有何特别神奇之处，而是由于参与祭祀的各个人员在这个过程之中始终保持着一颗真诚虔敬之心，他们内心的这种真诚虔敬状态通过各种歌声、乐器和礼节表达出来，所以在祭祀环节中的歌、乐、舞也就随之具备了神奇的感染力，能够感通天地人物鸟兽，与神灵沟通，达至一种天人合一的混融之境。可见，"诚"既是博厚、高明、悠久之"天"的最真实最本质的内容，同时也是人之所以为人的类本质和类特性，还是我们每一个人能够达至天人合一的内在凭借。并且，如果每一个人都积极追求"诚"这一价值，必然会导致一个公平正义、和谐有序的社会的实现。

尔克敬典在德，时乃罔不变。允升于大猷，惟予一人膺〔1〕受多福，其尔之休，终有辞于永世。

——《尚书·周书·君陈》

注释

〔1〕膺：接受。

译文

你能够敬重常法，讲求德行，殷民就没有不改变的。让诚信上升到大道的境地，我将享受上帝赐予的福命，这样你的美名终将永远受到赞扬。

解析

蔡沈在《书集传》中说："君陈，臣名。唐孔氏曰：'周公迁殷顽民于下都，周公亲自监之。周公既殁，成王命君陈代周公。'此其策命之词，史录其书，以君陈名篇。"相传周公在平定武庚叛乱之后，把殷商的顽劣之民迁徙到周王都的近郊，以便亲自监管他们，并负责他们的教化之事。周公死后，成王就命令周公的儿子君陈继任周公监管教化殷民的职务，在君陈继任之前，成王对君臣进行了工作上的嘱咐。这一条就是出自周成王对君陈的策命之辞，希望君陈能够遵行周公制定的常法，施行德政，教化殷民。

我们知道，殷商时期是典型的祭祀时代，在这一时期，人们崇拜、依赖上帝、先公等各种超验的力量，殷人的精神完全匍匐在一种超越的异己力量之下，统治者的福命与他自身的德性毫无关系。

但是，到了西周时期，因为周初的统治者亲身经历了一个小邦周是如何战胜庞大的大殷商的，因此就激发了他们的忧患意识。他们一方面要为自己的政权确立合法性，另一方面还要确立一套政治理论以保证政权永固、天命不失。正是因为这样一种政治层面的需要，周初统治者一方面保留了天的主宰性；另一方面也给天加进了伦理的内容，把天命与统治者的德性联系起来。

因此，在成王对君陈的诫命中，就特别注重管理者的德行，尤其是对诚信的重视。在成王看来，如果能够将诚信上升到大道的境地，那么他就可以享受上帝所赐予的福命，君陈的美名也将永远受到后人的赞扬。可见，诚信是与天命、福命联系在一起的，如果统治者重视诚信，追求诚信，同时也以诚信教化百姓，那么再顽劣的百姓都会弃恶迁善从而成为讲求诚信之民，这个社会也将成为一个讲信修睦、和谐稳定的理想社会，这样一来，统治者自然就会"膺受多福"。因此，诚信是统治者获得福命的前提。而后来的孔子在此基础上，把周初只属于统治者的天命、福命下贯到每一个人的心性之中，深化了天人合一这一思维模式的心性内涵，为所有人的内在之"诚"指明了一个超越的根据。

曰若稽古，帝尧曰放勋[1]，钦明文思安安，允恭克让，光被四表，格于上下。克明俊德，以亲九族。九族既睦，平章百姓。百姓昭明，协和万邦，黎民于变时雍。

——《尚书·虞夏书·尧典》

注释

〔1〕勋：从蔡沉注，意为功劳，放勋是说尧的功劳无所不至。

译文

考察古代的历史，帝尧的说教放之四海甚伟，他处理政务敬慎节俭，明察四方，善于治理天下。思虑通达，宽容温和，他对人恭敬，能够让贤，他的光辉普照四方，至于上下。他能发扬才智美德，使家族亲密和睦。家族和睦之后，又辨明百官的善恶。百官的善恶辨明了，又使各诸侯国协调和顺，天下众人从此也就友好和睦了。

解析

这一条是赞美帝尧钦、明、文、思、安安之五德，具体来说，敬事节用谓之钦，照临四方谓之明，经纬天地谓之文，虑事通敏谓之思，宽容覆载谓之安，在古人看来，帝尧一人就具备了这五种完美的德行。

"允恭克让"以下则是分述帝尧的五德之实。所谓"允恭克让"便是说帝尧能够恭敬地看待自己的职位和责任，处理事情兢兢业业，永不懈怠，还能够大公无私，推贤尚善，以天下人之幸福为先务，这就是"钦"；所谓"光被四表"，便是说帝尧的美德和光辉遍及四海之外，普天之下的百姓都受惠于帝尧的德政，这就是"明"；而"格于上下"，即是"至于天地"之义，这是说帝尧德行充实，又身居高位，所以能够经纬天地，安定百姓，造福国家，使天下之人各安其职、各守其分、各遂其性，正所谓"与天地合其德，与日月合其明"，这便是"文"；"克明俊德，以亲九族。九族既睦，平章百姓"，便是说帝尧不仅能够自明大德，还能够使各氏族之间亲睦团结，并彰明、确定百官的职守、责任以及奖惩，可见帝尧处理政事通达敏捷，这就是"思"；在众氏族的各种事务、责任等昭明之后，帝尧又协调四方诸侯，不仅使得众民安居乐业，还能使他们都迁变于和善，从善如流，这就是"安安"。

由此可见，帝尧之所以能够取得如此广大之事业，感化天地四方之民众，总结来说，皆因其德深厚广大。在古人看来，正是由于帝尧体悟了自身所承受于上天之俊德，洞察了宇宙大化流行之真相，明达了天地生物之大诚，所以能够诚于自己的职位，时刻以安定百姓、教化百姓为自己的目标，大公无私，推贤与能，最终取得"百姓昭明，协和万邦，黎民于变时雍"的成效，可见，所谓帝尧之德，即是天地生物之"诚"，而帝尧也只是在现实生活当中将内心之"诚"如实呈现出来罢了，正所谓"圣，诚而已矣"。

祭如在〔1〕，祭神如神在。子曰："吾不与祭，如不祭。"

—— 《论语·八佾》

注释

〔1〕如在：仿佛就在身边一样，形容祭祀的真诚。

译文

祭祖先，如同祖先亲临其境；祭神，如同神亲临其境。孔子说："我若不能亲自祭祀，就如同没有祭祀。"

解析

这段话与"人而不仁，如礼何？人而不仁，如乐何"是一个意思。在孔子看来，如果没有"礼"背后的精神内核作为支撑，再繁盛的礼节都只是一种形式的教条，只是一种虚伪的礼节。玉帛、钟鼓只不过是用来行礼作乐的器物罢了，如果失去了礼乐背后的真诚，行使这些礼节又有何用呢？遵循得再多也无法真正成为一个自觉的人。同样，这一条所体现的也是孔子对待万事万物的那种真诚的态度。祖宗本来就已经离我们而去了，但是，当我们祭祀的时候，在心理情感上，就应该把祖先视为我们家族的一个成员，仿佛他就在我们中间。"祭如在，祭神如神在"，这句话的重点并不是说要我们相信这个世界上真的有神鬼等超验的事物存在，而是说，作为一个人，要有感恩天地、感恩祖先的诚心，不论祖先是否离去，也不论祖先离开我们有多么的久远，我们对祖先的真诚感恩之心应该永不消退，所以在祭祀的时候，仿佛他们就在我们的身边一样。

以诚待人　讲信修睦

35

　　因此，在孔子看来，真诚，乃是祭祀活动的第一要素，如果没有了真诚，祭祀也就没有了任何意义，就会沦为一种虚伪的外在活动。可见，与注重祭祀的殷商文化不同，孔子所注重的祭祀活动已不仅仅是一种求福避祸的神秘活动了，它更多的是一种表达内心之诚的外在方式。并且，通过提倡这样一种真诚的祭祀活动，可以激发人们对天地对祖先的感恩之情，可以培养人们忠厚、淳朴、端正、诚实的性情。这样的一个过程，也就是人道与天道对话、互动、融合的过程，更是人们改过迁善、下学上达，同时也是逐步达到天地万物一体之仁的过程。

子曰："君子上达，小人下达〔1〕。"

——《论语·宪问》

注释

〔1〕上达、下达：达指通达。上达达于道，下达达于器。

译文

孔子说："君子通达于仁义，小人通达于财利。"

解析

"上达""下达"，历来有多种解读：一是何晏《论语集解》："本为上，末为下。"这里所说的"本"是指仁义，"末"则指财利。皇侃《论语义疏》说："上达者，达于仁义也。下达，谓达于财利。所以与君子反也。"二是上达达于道，下达达于器，即农工商贾。三是朱熹《论语集注》："君子循天理，故日进乎高明；小人殉人欲，故日究乎污下。"按前两种解说，君子小人指位言。依最后一种解释，君子小人指德言。历代注家普遍比较接受的是何晏《论语集解》、皇侃《论语义疏》的解读。因此，本书暂从这种说法。本章其实是说君子以坚守仁义礼智信为本，而小人则以追求利益为本。这其实就是"君子怀德，小人怀土""君子喻于义，小人喻于利"的意思。君子终日所关心的是如何进德修业，提升自我的道德修养，而小人所关心的是如何提升自己的生活水平，追求的是利益。君子与小人所处的地位不同，所注意、关心的便不同，这是理所当然的。君子既然以进德修业为本，那么就不应该利用自己手中的权

以诚待人　讲信修睦

力与百姓争利，为自己谋取私利。而应在提升自我的道德修养的同时，履行以仁义礼智信教化百姓的职责，这才符合孔子为政以德的要求。而且这样一来，老百姓在物质生活水平改善的基础上，思想道德修养也会不断地提高。

子曰："莫我知〔1〕也夫！"子贡曰："何为其莫知子也？"子曰："不怨天，不尤人〔2〕；下学而上达。知我者其天乎！"

—— 《论语·宪问》

注释

〔1〕莫我知：没有人了解我。

〔2〕不尤人：尤，责备。

译文

孔子说："没人了解我啊！"子贡说："为什么没人了解您呢？"孔子说："不怨恨天，不责备人；学习些日常的技能，却充实完善自己到很高的境界。了解我的，大概只有老天吧！"

解析

《史记·孔子世家》记载鲁哀公十四年春西狩获麟，孔子大概因为获麟而发出了"莫知我"的感叹。"下学而上达"，皇侃《论语义疏》说："下学，学人事。上达，达天命。我既学人事，人事有否有泰，故我不尤人。上达天命，天命有穷有通，故我不怨天也"。由此可见，下学就是学通人事，即学习各种文献典籍、礼仪制度、日常生活的道德规范，从而在日常与人交往的过程中以诚待人，成人成己。而上达就是达于知天命，即一方面知道君子以弘道为己任乃天所赋予我的使命；另一方面也明白道之穷通与否非己力所能左右，乃由天命所决定。钱穆先生在《论语新解》中指出："一部《论语》，皆言下学。能下学，自能上达。"可见，本章的关键就在"下学"二字。实际上，孔子本人就十分好学，他曾说："十室之邑，必有忠信如丘者焉，不如丘之好学也"，又自述："发愤忘食，乐以忘忧，不知老之将至云尔"。孔子不管面对什么样的遭遇，都能够做到一心向学，故最终达到了人所不能知而只有天所独知的境界。如果舍弃了下学，就不能上达天命。可见，上达天命是深深扎根于下学人事的，因此我们必须要将日常生活中的待人接物看做是敬德修业的平台，从而在日常的小事当中不断地提升自我的道德修养。孔子之所以能做到不怨天尤人，一方面在于下学，另一方面则在于知天命。

子路问君子[1]。子曰："修己以敬。"曰："如斯而已乎?"曰："修己以安人。"曰："如斯而已乎?"曰："修己以安百姓。修己以安百姓，尧、舜其犹病诸!"

——《论语·宪问》

注释

〔1〕君子：此君子是指在上位者。

译文

子路问怎样做君子。孔子说："通过修养自己，来严肃认真对待一切。"

子路说："这样就行了吗?"孔子说："修养自己来安定别人。"子路说："这样就行了吗?"孔子说："修养自己来安定众人。修养自己来安定众人，尧舜还为此大伤脑筋呢!"

解析

"人"与"百姓"的不同，朱熹《论语集注》说："人者，对己而言。百姓，则尽乎人矣"。可见，本章所说的"人"与"百姓"是有区别的，"人"是指与己相接触者，而"百姓"则是指与己不相接触者。本章对于君子提出了两方面的要求：其一是"修己以敬"；其二是"安人、安百姓"。所谓"修己以敬"，就是指用敬来修治自己，从而使自己的身心言行统归于敬。具体来说，首先就是在与父母、兄弟以及他人交往的过程中内心要有敬畏感，以一颗真诚虔敬之心与人相处。实际上，敬是礼的实质，礼本身也要求敬。因此，"修己以敬"

意味着要使自己的身心言行时时处处合乎礼。这样，人们在相互交往的过程中就会相互礼让，能减少冲突与矛盾。一个人不仅要对他人保持敬畏感，而且对于天命也要有敬畏之心。"天命"，就是天所赋予人的使命。一个人恭敬地对待天命，就是要在为人处事的活动中从真诚开始，发现自己内心的向善要求，从而择善固执，最终止于至善。

"安人""安百姓"，就是要"以天下为己任"，博施济众，安顿所有的人。修己就是修身，属内圣之事，而安人、安百姓则属外王之事。《大学》中"明明德、亲民、止于至善"的"三纲领"以及"格物、致知、诚意、正心、修身、齐家、治国、平天下"的"八条目"可谓指出了修己以安人、安百姓的具体路径。这就是说，对内修己，而格物、致知、诚意、正心、修身皆属明明德的内圣之事。对外安人、安百姓，而齐家、治国、平天下皆属亲民的外王事功。在内圣、外王两方面都能做到极致，就达到了"至善"。因此，孔子认为修己以安人、安百姓即使是尧舜都很难做到。

子曰："由也，女闻六言六蔽矣乎？"对曰："未也。""居！吾语女。〔1〕好仁不好学，其蔽也愚；好知不好学，其蔽也荡；好信不好学，其蔽也贼；好直不好学，其蔽也绞；好勇不好学，其蔽也乱；好刚不好学，其蔽也狂。"

—— 《论语·阳货》

注释

〔1〕居！吾语女：居，坐下。女，同汝。

译文

孔子说："仲由，你听说过〔仁、智、信、直、勇、刚〕六字真言容易产生的六种弊病吗？"子路回答："没有。"孔子说："坐下！我告诉你。爱仁德，不爱学问，其弊病是愚戆；爱智慧，不爱学问，其弊病是心志不专一；爱信实，不爱学问，其弊病是伤害他人；爱直率，不爱学问，其弊病是急躁；爱勇敢，不爱学问，其弊病是捣乱闯祸；爱刚强，不爱学问，其弊病是易与人冲突。"

解析

本章孔子谈到了"好学"的重要性，在他看来，虽然仁、智、信、直、勇、刚都是美好的德行，但一个人如果不好学，就容易产生各种弊病。对此，朱熹的《论语集注》解释说："六言皆美德，然徒好之而不学以明其理，则各有所蔽"。这就是说，一个人如果只是喜好仁、智、信、直、勇、刚等德行，而不能通过学习以究其实，以明其所以然，这六种德行不仅很难在具体的为人处世的过程

以诚待人 讲信修睦

中得到很好的运用，而且还会产生各种问题。具体来说，好行仁的人如果不好学，不能裁度使其适中而行，就容易受人愚弄。好智的人如果不好学，就会放荡而无所适守。好信的人如果不好学，就会伤害自己。比如古代有一个名叫尾生的信士，与一女子相约会于桥下，女子没有来，而洪水来了，尾生守信，没有离开，最后淹死于水。孟子对于孔子的这一思想进行了发挥，他说："大人者，言不必信，行不必果，惟义所在"。好直的人如果不好学，就容易伤害别人。好勇的人如果不好学，就容易作乱闯祸。好刚的人如果不好学，就会胆大妄为。因此，孔子在这里特别强调好学，而且认为每一种德行都需要与好学形成互补的关系。如果仁、智、信、直、勇、刚这些德行离开了好学，那么这些德行产生的作用就会偏而不正。所以，好学在孔子的思想体系中是一个十分核心的观念，占有着非常重要的地位。事实上，孔子本人就非常重视好学。孔子认为在自己的众多弟子中只有颜回称得上好学，当鲁哀公问他弟子中谁最好学时，他说："有颜回者好学，不迁怒，不贰过。不幸短命死矣，今也则亡，未闻好学者也。"孔子认为自己的最大优点就是好学，他说："十室之邑，必有忠信如丘者焉，不如丘之好学也。"孔子晚年对自己一生的学术生命历程进行总结时，曾自述："吾十有五而志于学，三十而立，四十而不惑，五十而知天命，六十而耳顺，七十而从心所欲不逾矩。"孔子在十五岁时就立志于学，并在人生各个不同的阶段中都能有所精进。可见，志学、好学在孔子的思想中是极其重要的。

孔子曰："不知命[1]，无以为君子也。不知礼，无以立也。不知言，无以知人也。"

——《论语·尧曰》

注释

〔1〕知命：即知天。知礼：礼，指一切礼文。知言：即一个人言论的是非得失。

译文

孔子说："不懂命运，不可能成为君子。不懂得礼，不可能立足社会。说话不得体，没办法了解别人。"

解析

本章所说的"命"有运命和使命两层含义。所谓运命，皇侃《论语义疏》说："命，谓穷通夭寿也。人生而有命，受之由天，故不可不知也。若不知而强求，则不成为君子之德，故云'无以为君子也'"，即人所难以预测、无可奈何、无法抗拒的命运，所谓"死生有命，富贵在天""道之将行也与，命也；道之将废也与，命也"。所谓使命，就是明白天所赋予人的仁义礼智信的善良本性，而自觉人有不断行善的使命，所谓"天生德于予，桓魋其如予何"，"文王既没，文不在兹乎"。在孔子看来，尽管人生在世无法摆脱这种外在运命的限制，但他并没有停留在对人无法左右的命运的哀叹上，而是指出人在了解了受这种命运支配之后，应该积极主动地努力将仁义礼智信修之于身而为自己立命。人不仅要为自己立命，更要为

以诚待人　讲信修睦

45

生民立命，这才能成就其君子之德。人在看到了这种消极的命运的限制之后，又积极主动地立命，这才算是真正的知命，这才能彰显出人的主体性的崇高伟大。

"不知礼，无以立也"，皇侃《论语义疏》云："礼主恭俭庄敬，为立身之本。人若不知礼者，无以得立其身于世也"。这就是说，一个人要在社会上立足，知道礼的规范是必要的，人如果不知礼，他的言行举止就会与社会规范格格不入，就无从立身。

"不知言，无以知人也"，刘宝楠《论语正义》曰："言者心声。言有是非，故听而别之，则人之是非亦知也"。因此，孔子认为知言始能知人。孟子则在孔子的基础上提出了"知言养气"的命题，认为自己的所长在于"知言"，在于"善养浩然之气"。

大学〔1〕之道，在明明德〔2〕，在亲民〔3〕，在止于至善〔4〕。知止而后有定，定而后能静，静而后能安，安而后能虑，虑而后能得。物有本末，事有终始，知所先后，则近道矣。

—— 《礼记·大学》

注释

〔1〕大学：大人之学，在《大学》中指的是修身齐家、治国平天下的学问。

〔2〕明明德：第一个明字，是动词。第二个明字是形容词，指日月之明。明德，光明之德，就是天德。

〔3〕亲民：亲，郑玄读作"新"，使动用法。朱熹从之。王阳明读作"亲"。"亲民"，即让民众弃旧向新的意思。

〔4〕止于至善：止，达到、栖止。在《大学》中有坚守"礼"的意思。至善：最高境界的善。

译文

大学的宗旨，在于认知光明的天德，确认自我的使命，在于使广大的百姓除旧自新，在于坚守善道，达到最高境界的善。只有达到了最高境界的善，才能够定住自己的心性。只有定住了自己心性的人，才能够心性沉静，不生妄念。只有心性沉静、不生妄念的人，才能够安定稳健。只有安定稳健的人才能够具有深沉厚重的思考。只有深沉厚重思考的人才能够得到道的真谛。万事万物都有本有末，万事万物都有始有终。知道了它们的先后次序、轻重缓急的人，才能够接近于大学的最高境界。

┃解析┃

　　"大学"，就是大人之学，在《大学》中指的是修身齐家、治国平天下的学问。而"大学之道"，意指"大学"的宗旨、"大学"的精神，这是"大学"最核心的东西。所谓"明明德"，第一个"明"是作动词用的，第二个"明"是作形容词用的，意思就是不断地彰显、实现自己先天被赋予的美德，即仁义礼智信。所谓"亲民"，是指亲和百姓、爱护民众。孔子说"己欲立而立人，己欲达而达人""老者安之，朋友信之，少者怀之"，孟子说"老吾老，以及人之老；幼吾幼，以及人之幼""亲亲而仁民，仁民而爱物"，这都是一种亲民的思想。

　　"亲"，郑玄读作"新"，后来程颐和朱熹从之，将"亲民"解为"新民"，即人要不断地除旧自新，不断地自我革新。但王阳明并没有接受程颐、朱熹的这种解读，坚持把"亲民"解释为"亲民"，他认为"亲民"就是仁爱百姓，即"达其天地万物一体之用"。"止于至善"，就是人要努力追求，最终达到最完满的境界。在"明明德"与"亲民"，即"修己"与"安人"或"内圣"与"外王"两方面都做到最好，才算达到了"至善"的境界。从整体上看，《大学》中的"明明德、亲民、止于至善"的"三纲领"，就是在阐说"大学之道"。"大学之道"，其实就是大人之学、成人之学。成就我们的人格和美德，就是"大学之道"的宗旨。人的美德的养成需要自己的努力，但同时也离不开学校的培养。大学是教育之地，实现"大学之道"正是今日大学的责任所在。

诚者，天之道也；诚之者，人之道也。诚者不勉而中〔1〕，不思而得，从容中道，圣人也。诚之者，择善〔2〕而固执之者也。

——《礼记·中庸》

注释

〔1〕中：中节，符合礼仪。

〔2〕择善："天生烝民，有物有则；民之秉彝，好是懿德"，即使一般的民众内心也有善端或向善之志，择善固要下文的工夫，但也不可不顾此一点灵明之知。博学、审问、慎思、明辨和笃行也均与此有关。

译文

诚，这是天所成就的；求取此诚，是人所要成就的。修养达到诚的人，行为不用勉强就能符合礼仪，内心不用思考也明白，（一切）自然而然就与道若合符节，这是圣人。求取此诚的人，就是（根据内心微弱的善心，或向善之意）志向于善并不间断地固守此善不放失的人。

解析

"诚"，是一个贯通整个《中庸》哲学思想体系的核心性概念。关于"诚"，朱熹解释说："诚者，真实无妄之谓，天理之本然也"。"天理之本然"，是过度诠释；但是，以"真实无妄"释"诚"，却是对"诚"之最基本意义的准确概括。所谓"诚者，天之道"，是说天地万物包括人自身其先天具有的本性就是诚。在这个意义上，我们也可以说诚是离不开"天""命""性""道"等基本概念的，诚就是天命之性，"诚者，天之道"也就是"天命之谓性"。而"诚之者，人之道"，是说尽管每个人先天圆具诚的本性，但人要将这种诚的本性彰显、实现出来却不能离开人为的努力，所谓人道就是指人为的努力。由此可见，"诚者，天之道"，是相对于人来说的，属天之事（自然天赋）。而"诚之者，人之道"，是相对于天来说的，属人之事（人为努力）。这里"诚者"与"诚之者"相对的基本结构，实际上讲的就是天生人成。

但在《中庸》作者看来，只有圣人不必勉强，不用思虑就能自然合乎"中道"。至于常人，那就必须经由后天人为的努力，即"诚之"的工夫，才能回归到天所赋予人的"诚"的本性。"诚之"工夫的内容，就是"择善而固执之者也"。如何择善而固执呢？《中庸》接下来提出了下学而上达的五种方法，即"博学""审问""慎思""明辨""笃行"。由此可见，《中庸》十分注重工夫和学行。因为，"生知安行"的圣人是不需要指点的，而大多数"生知安行"以下的人都需要经过后天人为的努力才能合乎天道之诚。因此，《中庸》异常强调"人一能之，己百之；人十能之，己千之"的人为努力，极其凸显学习的力量和作用。

自诚明〔1〕，谓之性；自明诚，谓之教。诚则明矣，明则诚矣。唯天下至诚，为能尽其性；能尽其性，则能尽人之性；能尽人之性，则能尽物之性；能尽物之性，则可以赞天地之化育；可以赞天地之化育，则可以与天地参矣。

—— 《礼记·中庸》

注释

〔1〕明：此处指通过修养功夫将诚落实到身心后所呈现出的身体和心灵的一种澄澈清明的状态和过程，既含有灵明的心所生出的智慧，也包括身体所呈现出的动作威仪所带有的光辉。

译文

循着天道之诚呈现出人道之明的过程，这就是性；通过清澈澄明的修养历程而逐渐达至天道之诚，这就是教。天道的诚要落实到人的清澈澄明，人的清澈澄明要不断反馈天道的诚。只有全面践行着诚的圣人，才能够充分展现出他的本性；能够充分展现自己本性，才能充分发挥别人的本性；能够充分发挥别人的本性，才能够充分落实万物的本性；能够落实万物的本性，就可以襄助天地的生化养育过程；能够襄助天地的生化养育过程，就可以与天地相互参验了。

解析

自诚明，即上文所说的"不思而得，从容中道"，这是天生圣人之性也，因此说"自诚明，谓之性"；自明诚，即上文所说的"明善"而"诚身",这是学善而固执之者也,所以说"自明诚,谓之教"。前者是针对"生知安行"的圣人说的,而后者则是针对"学之力行""困之勉行"的人说的。但无论是自诚而明,还是自明而诚,其最终结果都是一样的,所谓"诚则明矣,明则诚矣"。自诚明,天道对人道,是圣人化育天下的理路;自明诚,由教而入,先明乎善,然后至于诚。是故"诚则明矣,明则诚矣",指出的是圣人与贤人两条化育的道路:第一条,是"唯天下至诚,为能尽其性;能尽其性,则能尽人之性;能尽人之性,则能尽物之性;能尽物之性,则可以赞天地之化育;可以赞天地之化育,则可以与天地参矣"。这是一条由诚而明的圣人化育之道。第二条,是下文的"其次致曲,曲能有诚,诚则形,形则著,著则明,明则动,动则变,变则化。唯天下至诚为能化"。这是一条由明而诚的贤人变化之道。这两条道路的取向完全不同,但是,彼此之间相辅相成,极富内在的张力,而且,最终又殊途而同归,都是化育天地,与天地相参。这是《中庸》的作者全面而深刻地提炼孔子关于"生而知之者"与"学而知之者"的重要思想,同时也隐含着对"困而不学"的批评,对有志之士的激励。

其次致曲〔1〕，曲能有诚，诚则形，形则著，著则明，明则动〔2〕，动则变，变则化。唯天下至诚为能化。

—— 《礼记·中庸》

注释

〔1〕致曲：致，推致。曲，局部，一部分。或谓曲，指深隐之处，即善的微弱状态，类于孟子所讲的"四端"。

〔2〕动：感动。

译文

次一等的贤人致力于扩充自己善的灵明善端，由此微弱之善而能渐渐呈现诚，诚形于内自会表现于外，（随着微弱之善的渐渐增厚，诚也会愈来愈笃实，因之）形于外的也越来越显著，（随着修养的再次逐渐增长，因之）身心表现出清澈澄明而有光辉，由此光辉则能感动人和物，能够感动他们就会引发他们的改变，由此改变就会感化他们（向善而达于诚）。只有自身修养到了完善的诚的状态才能够化育外物。

解析

"致曲"，致，推致。曲，一部分。或谓曲，指深隐之处，即善的微弱状态，类于孟子所讲的"善端"。本书暂取后一种解读。这一章是在阐说"诚明之道"的第二个层次，即由明而诚的贤人变化之道。而第一个层次就是上章所说的由诚而明的圣人化育之道。但圣人只是极少数，大多数人都不是至诚之圣人。事实上，绝大多数人都是圣人之下的"其次"的那部分人，也就是"自明而诚"的贤人。贤人通过扩充自己善的灵明善端，经由"形、著、明、动、变、化"的阶段，同样也可以一步步达到参与并赞助天地化生万物及养育万物的圣人境界。这就是说，至诚的人具有可以感动、改变、转化他人的能力。这样的说法，让人很容易想到孔子所说的"君子之德风，小人之德草，草上之风必偃"以及孟子所说的"大而化之之谓圣"。可见，至诚的境界既是一个逐渐深化的结果（形、著、明），同时也是一个不断向外扩展而成就他人、万物的结果（动、变、化）。

至诚之道，可以前知。国家将兴，必有祯祥〔1〕；国家将亡，必有妖孽〔2〕。见乎蓍龟〔3〕，动乎四体。祸福将至：善，必先知之；不善，必先知之。故至诚如神。

——《礼记·中庸》

注释

〔1〕祯祥：吉祥。

〔2〕妖孽：反常怪异的事情。

〔3〕见乎蓍龟：表现于蓍占和龟卜。见，同"现"。蓍龟，蓍草和龟甲，古代用于占卜。

译文

人一旦修养到了至诚的状态，就可以见微知著而预见事态的走向了。国家将要兴盛时，一定会有相应的吉祥征兆；国家将要衰败时，一定会有相应的反常征兆。会在占卜中有所体现，会在人的仪态行为中有所体现。结果是祸还是福：如能见到善（的端芽），就可知是福要到了；若见到不善（的端倪），就可知是祸要到了。因此，能够修养到至诚的状态的人就会呈现出犹如神明一样（能够预知事态的走向）。

解析

这一章顺着上章的"唯天下至诚为能化"继续讲至诚的功用，此即神秘的"至诚如神"。所谓"至诚如神"，就是说神明是至诚的某种表现。人如果能够达到至诚的境界，就可以进入与天地相冥合的玄妙状态，便能以超凡的智慧预知事物未来的发展趋势：一是国家的命运，二是个人的命运。比如国家将要兴盛时，一定会有相应的吉祥征兆；国家将要衰败时，一定会有相应的反常征兆。那么依靠什么进行预知呢？其一，从蓍草和龟甲的占卜中预知。古人以蓍草进行占筮，所依据的是《易经·系辞上传》所说的"大衍之数五十，其用四十有九"。古人也用龟甲进行占卜，所留下来的资料就是甲骨文。其二，从人们的行为举止中去观察，这就是所谓的"动乎四体"。但作为可以预知事物未来发展趋向的"至诚之道"并不是一般人所能掌握的，实际上只有圣人才能够达到"至诚如神"的境界。

诚者自成也，而道自道〔1〕也。诚者物之终始，不诚无物。是故君子诚之为贵。诚者非自成己而已也，所以成物也。

——《礼记·中庸》

注释

〔1〕自道：自我遵循。

译文

真诚是人的自我完善，而道是人自己所遵循。真诚贯穿于一切事物的始终，没有真诚就没有事物，因此君子以真诚为贵。真诚的德性不是自我完善了就算了，还要用来成就事物。

解析

我们知道，"诚"的本义指的是真实无妄，在此基础上，《中庸》进一步阐发深化了"诚"的内涵："诚者天之道也，诚之者人之道也"，这表明《中庸》将"诚"与天道等同起来，使"诚"从真实无妄的本义引申为天道的存在是真实无妄的。而本段选文中的"诚者物之终始，不诚无物"，更是表明："诚"不仅意味着天道的真实存在性，而且天道的本性即是"诚"。"诚"从对天道性状的描述，上升到作为天道的同义语。基于此，万物在"诚"的作用下化生化育，无"诚"则无物，"诚"也就自然而然地成为万物之源，它是能化生万物的第一性的、最高的存在。这也就是我们开篇所提到的《中庸》紧紧抓住了《周易》的根本，从《易》《庸》合说的角度看，《中庸》之"诚"即是对《周易》之"天"的诠释。

正如牟宗三先生所说："乾道变化不过只是一诚体之流行。"因此，人与万物都是诚体流行化育的结果，人之所以为人的根本也就在于依托"天之诚"而"诚之"，这就是"诚者自成也"。我们生而为人，都秉持着天道之诚所赋予的本性，故而我们都需要依诚而"自成"。"自成"又包含着"成己"与"成物"两个维度，首先是"成己"，也就是在视听言动、一举手一投足中不断地自我完善，成就我们顶天立地的大丈夫人格与精神；其次，自我成就之后，还要成就他人他物，这实际上即是不容已之万物一体之情的自然流露，诚体在运转不息的过程中使得人与天地万物紧密地勾连在一起，使得人与自然的和谐、人与万物的一体成为可能，因此"成物"不能被规定在"自成"之外，而应与"成己"一并纳入"自成"之中，否则便无异于《孟子》中告子的"义外"之说。

从这条语录可以看出，我们每个人都具有天之所命的真诚德性，我们应该凭借此德性以诚待己、以诚待人、以诚待物，这便是"成己"与"成物"的统一。

成己，仁也；成物，知〔1〕也。性之德也，合外内之道也，故时措之宜〔2〕也。

——《礼记·中庸》

注释

〔1〕知：通"智"，智慧义。

〔2〕时措之宜：任何时候的举措都非常适宜。

译文

自我完善，是仁爱的体现；成就事物，是智慧的体现。出于天性的真诚的德性，是一种内外结合的德性，因此时时运用而无不适宜。

解析

"成己"与"成物"都是人依循诚体所进行的自我完善的过程，那么为何依循诚体而"成己"是仁爱的表现，同时，依循诚体从而"成物"则是智慧的体现呢？原因就在于，我们生而为人，就根本而言实则是诚体流行化育的结果，故而我们需要将天道之诚如其所是地、真实无妄地在我们的生命存在中完满地呈现出来，这一过程的具体展开便是对《中庸》开篇之"天命——率性——修道"谱系的践之、履之，与此同时这也是"下学而上达"、天人冥合的过程。当我们再次回到《易》《庸》合说的视域，便会发现诚体流行化育、生养万物的本性正是天地生生之德的体现，可见天道之诚始终是生生不已的，这种生生不已的德性下贯到每一个个体生命之中，便是

"仁"，因此个体生命依循诚体而自我成就的过程，自然也就是仁德的表现。

《中庸》所谓的"成物，知也"，一定程度上是警醒世人不要在己与物之间人为地划分，这便是前文所说的"成己""成物"都是自我完善的过程。这种思想精神，上承孔子的"己欲立而立人，己欲达而达人"与孟子的"亲亲而仁民，仁民而爱物"；下启宋明理学的"民胞物与""万物一体"。即便如此，世人仍旧执于物我之分，因此，能"成物"者，定是有大智慧之人，其灵根慧命深植于心，契悟知晓个体的天命之性中深深涌动着诚体生生不已的冲动，正是这种冲动，让个体生命将"成物"视作大丈夫当仁不让的责任与担当。

回到当下的现实语境，"成己""成物"便是要求我们以诚待人、以诚待物，用真诚的内心打通物我之别、内外之分，如此方能时时顺应时境、事事处理得当，构建营造出一个和谐、诚信的美好社会。

故至诚无息〔1〕，不息则久，久则征，征〔2〕则悠远，悠远则博厚，博厚则高明。博厚所以载物也，高明所以覆物也，悠久所以成物也。博厚配地，高明配天，悠久无疆〔3〕。如此者，不见而章，不动而变，无为而成。

——《礼记·中庸》

注释

〔1〕无息：指诚的流行永不停息。

〔2〕征：通达义。

〔3〕无疆：无边无际，没有边界。

译文

因此最真诚的德性永不止息，不止息就会长久，长久就会通达，通达就会悠久，悠久就会广博深厚，广博深厚就会高大光明。广博深厚用以负载万物，高大光明用以覆盖万物，悠久用以成就万物。广博深厚与地相配，高大光明与天相配，悠久而无边无际。像这样的德性，不用表现就会彰明，不用行动就会变化万物，不需做什么就能成就万物。

解析

诚体运行不息，上下周流而无所不该、无所不遍，这种精神实际上是与《周易》之"天行健，君子以自强不息"的乾道精神是一以贯之的。乾道变化、品物流形的过程，到了《中庸》那里，则被展现为至诚不息、成己成物、参赞化育的祥和图景。至诚之体即是对天道的表达与描述，它因永不止息而得以博厚、高明、悠久，实则也即是天道的博厚、高明、悠久，正是由于其博厚、高明、悠久，所以"诚"可化育天地万物而无所不载、无所不覆、无所不育。

那么，"至诚不息"对于我们的个体生命有何启示呢？首先我们需要明白的是，诚体作为生成万物的创造源泉，其伟大德性更多地体现在生成责任的彰显，诚体虽是化生万物的主宰，却将具体化生过程的权利交付给万物自身，令诚体流行化生万物的过程变为了万物自生自化的过程，正因如此，才使得"不见而章，不动而变，无为而成"成为可能。在诚体将万物化生的权利交付给万物自身的同时，万物也担负起了源于诚体的责任，万物需依诚体自然流行的方式自我造就、自我生成，自我实现，应使自身各正其位、各得其性、各得其育，也就是《中庸》所言的"天地位焉，万物育焉"。于是，人作为万物之一也自当思虑如何正己之位，找到自己在万物序列中的位置；如何得人之性，将禀天之善性实现并完成；如何得人之育，按照天之所育的方式自我化育。实际上，个体生命的自生、自化、自育，就其根本性而言，便是对"至诚不息"的践履，这种践之、履之，从天道的"至诚不息"落实到具体的个体生命之中，则被诠释为"不息于诚"。要而言之，个体生命通过"不息于诚"的方式，最终方能实现"各正性命"，这是天道之诚所赋予的责任与使命，对于"不息于诚"的践行，便是对于我们人之为人的意义之追寻与完成。

天地之道可一言而尽也：其为物不贰^[1]，则其生物不测^[2]。

——《礼记·中庸》

注释

〔1〕为物不贰：为物，生成万物。不贰，对天地之道真诚的形容。

〔2〕生物不测：不测，无法数量，不测则神。

译文

天地之间伟大的德性可用一句话就能概括尽：真诚不二地生养万物，就能生出数不清的事物。

解析

正如《周易》所说："天地之大德曰生。"天地之间最伟大的德性莫过于生生之德，正是在这一生生之德的推动下，才有了八卦之相摩、阴阳之相荡、二气之交感、四时之交替、五行之顺布、万物之化育，而这一切的一切最终都要追溯到生生之大德的笼罩之中。而《中庸》则将《周易》之"生生"概括为"诚"，"生生不已"也就是"至诚不息"，这既是对《周易》内在精神的高度凝练的表达，又是《中庸》自身思想延展的创造性发挥。如果生生之德的运转，没有"诚"作为内在支撑的话，那么"天地氤氲，万物化醇。男女构精，万物化生"又怎么可能真正得以实现呢？正是由于生生之德真诚不二、真实无妄地生养万物，才使得万物在生长化育的过程中得其醇纯、得其精华。在此意义上，我们可以说非诚无以醇，非诚无以精。

　　"生"与"诚"二者在思想意涵上被深深地嵌接勾连在一起，并指引着我们一次又一次地向它们返回、追寻，这种遐思与眷恋不正是我们儒家所强调的"下学而上达"吗？不正是我们所要追寻且应当追寻的天人冥合吗？因此我们要知道，首先，"诚"是天道的运作本性，那么"以诚待人"也是基于对天道存在的领会与践履，而不仅仅只是一条社会规范与为人处世的准则；其次，"以诚待人"中诚的内涵不仅仅只是指涉诚实守信这一面向，将以诚待人限定在诚信做人的内涵下是对"诚"之丰富哲学意蕴的狭窄化，我们要在诚信做人的基础上，领会诚与生生之仁、诚与各正性命、诚与参赞化育、诚与万物一体的关联，从而使得我们借助"以诚待人"，最终回归原始儒家所构建的思想境界与生活视野。

天地之道〔1〕博也，厚也，高也，明也，悠也，久也。

——《礼记·中庸》

注释

〔1〕天地之道：指的就是天道。

译文

天地的伟大德性真是广博啊，深厚啊，高大啊，光明啊，悠远啊，永久啊。

解析

这段文字是对上述几段的总结与概括，表达了对天的博厚、高明、悠久的赞美与感叹。而我们要知道，天之所以具备博厚、高明、悠久的德性，就在于其生生之德、其诚体，也即是天道的运行不息。因此，首先，正是由于天道造化之流行，才有了天、命、性、情的流转，故而我们基于自我生命存在所打造的性情世界实际上是以天道背景为支撑基石的，我们人之为人的规定性也是来源于天的，我们的视听言动、举手投足都是要符合天道所赋的人性之自我开展方向。所以，以诚待人就是以诚待己、以诚待天。

其次，以诚待人还表现在对天道之运转、天理之流行的遵循与践履，于是以诚待人的具体展开也就是依天而行、依诚而行。君子之自强不息便是对"天行健"的遵循与践履；不息于诚便是对"至诚无息"的遵循于践履。回到本段文字："天地之道博也，厚也，高也，明也，悠也，久也。"这就是在教导我们，如果要将以诚待人落到实处，就要让我们的胸怀与德操如同地一般博厚、天一般高明，让我们的圣洁人格能经得住时间的锤炼而始终如一、悠久无疆。由此可见，这段文字不仅是对天的赞美与感叹，其内在深处还隐隐蕴含着对人道人事在展开过程中应法天则地的期许与指引，正是在这样一个天人之间上下通达的境域下，以诚待人的具体实践才显得更加深刻与丰盈。

今夫天，斯昭昭之多〔1〕，及其无穷也，日月星辰系焉，万物覆焉。

———《礼记·中庸》

注释

〔1〕昭昭之多：昭昭，犹耿耿。就那么一点，形容少。

译文

现在这个天，它当初也只有狭小的一点光明，等到它成为无穷的天空时，日月星辰就都系属在上面，万物也就都由它覆盖着。

解析

冯友兰曾指出，在中国古代哲学中，天的意涵主要有五种，分别是：物质之天、主宰之天、自然之天、运命之天、义理之天。而《中庸》此章所言之天，首先指向的便是物质之天，从天之昭昭到天之无穷，《中庸》向我们呈现了物质性之天的生成、演化与延伸的过程，这个过程是以物质之天的自我壮大为起点，而最终以覆盖万物为归宿，也就是《周易》所说的"乾知大始"。物质之天侧重的是天的自然现象层面与物理层面，它如同母胎一般生化孕育了万物。

然而，此章并不仅仅只是在物质之天的层面讨论天之"万物覆焉"的功能与作用，物质之天的背后还具有庞大的天道背景作为内在支撑，也就是说，物质之天最终仍要上升到作为最高存在的义理之天的层面。理由在于：第一，天之所以能生物不已以至"万物覆

67

焉"，正是基于天道诚体之生生大德的作用；第二，此章"万物覆焉"并不仅仅只是表明生化孕育万物，它还蕴含着对万物之安顿与各得其位。而要想使得万物各得其位、各正其命，仅仅依靠物质存在之天是无法实现的，唯有依靠天道诚体的作用才能使安顿万物成为可能。

天之所以广博深厚，是在于它不断自我培育与自我壮大；天之所以能使万物覆焉，是在于它在生成万物的同时安顿万物，故而万物得以各正性命。因此，我们要不断地培育、壮大以诚待人的精神品质，让它时时处处都能发挥作用；而在具体的待人接物过程中，要用"诚"打破彼此之间的对立，通过"诚"之寂然感通相互协调、相互尊重，使得自己与他人的生命存在都能得以安顿与调适。

今夫地，一撮土〔1〕之多，及其广厚，载华岳〔2〕而不重，振河海而不泄，万物载焉。

——《礼记·中庸》

注释

〔1〕一撮土：一捧土，也是形容少。

〔2〕华岳：指华山。

译文

现在这个地，当初也只有一撮土那么一点，等到它成为广阔深厚的大地时，就能负载华山而不嫌重，收纳河海而不泄漏，万物也就都由它负载着。

解析

《易传》言："大哉乾元，万物资始。至哉坤元，万物资生。"乾元象天，说明万物都是借助天而得以生成；坤元象地，说明万物都是借助地而得以长养，这也就是天生地养的道理。而《中庸》此章可谓承续《周易》义理之说，一方面与《周易》一以贯之，道出了大地使"万物载焉"的功能与作用；另一方面，将地养万物向前进一步推进，展现了大地自身的长养过程，即从一撮土发展壮大至广厚无穷、负山纳海的境地。此章之所以强调大地自身的长养过程，旨在点明万物的长养需依赖大地，而大地自身的长养则需依赖天道诚体。

可见，大地也并不能只被理解为物质自然层面的大地，它的哲学内涵有待进一步发掘。我们知道中国哲学讲究天地人三才合一，而同时又强调天人合一，这就造成了对天人关系更加重视，相对而言，地的哲学内涵则在一定程度上受到了某种忽视。之所以要强调大地的意义，原因在于它构成了一切存在得以展开自我生命的场所，没有大地之场所的敞开，就没有天道的出场，也没有包括人在内的万物之出场，因此，缺少了大地，不仅万物无法得以长养，而且所谓的参天地之化育、成己成物、各正性命都无法实现。而大地场所的敞开过程，实际上也是按照"诚"的精神展开的，否则的话，它如何承担起长养万物的重任呢？

大地虽长养万物却不主宰万物，而是以辅万物之自然的方式对待万物；大地虽作为万物之生命活动的场所却并不自我彰显，而是以出场如不出场的方式自我敞开。正是大地的这种默运方式，教会了中华民族谦卑与无私，构成了安身立命得以安、得以立的基石，而这一切的一切都应浇铸融汇到我们以诚待人的活动之中，否则以诚待人将无从谈起。

今夫山，一卷〔1〕石之多，及其广大，草木生之，禽兽居之，宝藏兴焉。今夫水，一勺之多，及其不测，鼋、鼍〔2〕、鲛、龙、鱼、鳖生焉，货财殖焉。

——《礼记·中庸》

注释

〔1〕卷：犹区，小。

〔2〕鼋、鼍：鼋，鳖科动物。鼍，扬子鳄。

译文

现在这个山，当初也只有一小块石头那么大，等到它成为广大的山时，草木就能生长在上面，禽兽就能居住在上面，宝藏也就能产生在里面。现在这个水，当初也只有一勺那么多，等到它汇聚成为深广不可测的大水，鼋、鼍、鲛、龙、鱼、鳖都生长在里面，各种物产资财都靠它而生殖。

解析

这里描述了山从卷石之多发展壮大至广大之山，以及水从一勺之多发展壮大至深不可测之水的过程，说明万物的发展壮大都有一个由少到多，由弱小到旺盛的过程，这也就是九层之台，起于垒土的道理。唯有当山成为广大之山时，才能发挥其生草木、居鸟兽、兴宝藏的功能与作用；唯有当水成为不可测，才能发挥其藏鱼鳖、储货财的功能与作用。

首先，不得不再次提及的是，山水之所以得以广大不测，就在于天道诚体的运行不息、生生不已。在此意义上，我们可以说诚则生物，这种诚之精神必然指引着我们以诚待人，效法天道真诚不已地生育天地万物的品质，而在日常生活中以生命对待生命、以真诚对待真诚，开显出一个和谐融洽、真诚待人的社会环境。其次，正如前面所谈论到的那样，以诚待人包括以诚待己、以诚待人、以诚待物等维度，因此对待山水自然我们也需要以诚待之。随着当今科学技术的发展与西方哲学思潮的盛行，主客二分的思维观念日益加深，人与自然的对立处境日益险峻。这归根结底，可以概括为人类中心主义与自我中心主义，于是自然成为人类肆意攫取的对象，山水之宝藏货财被人类无节制地开采，山水自然的生态环境遭到了前所未有的毁坏，而这些行为都是与以诚待人、待物背道而驰的。《大学》里讲："是故君子先慎乎德。有德此有人，有人此有土，有土此有财，有财此有用。德者本也，财者末也。"对待自然资源财富的正确态度同样应该是以德取之、以诚待之，否则的话便会陷入人类中心主义。《中庸》此处所展现的夫山宝藏兴焉、夫水货财殖焉的美好图景，是人与自然之间和谐相处之情景的展示，这种和谐正是以诚待物的结果，对待山水自然，唯有以诚待之，才能使得《中庸》之"鸢飞戾天、鱼跃于渊"的活泼泼的生命境界成为可能。

《诗》曰："维天之命，於穆〔1〕不已。"盖曰天之所以为天也。"於乎不显，文王〔2〕之德之纯。"盖曰文王之所以为"文"也，纯亦不已。

——《礼记·中庸》

注释

〔1〕於穆：於，音 wū。穆，深远的样子。

〔2〕文王：周文王姬昌，周朝奠基者，演周易重爻。

译文

《诗》说："想起天的道理，啊，真是深远无穷！"这大概是说天之所以成为天吧。"啊，多么光明啊，文王那纯粹的德行！"这大概是说文王之所以谥号为"文"，是由于他修养自己纯粹的德行而不停止。

解析

《中庸》此段文字主要是围绕着以下两个主题展开的：天之所以为天与文王之所以为"文"。首先，关于天之所以为天，《中庸》将之归为"维天之命，於穆不已。"这句话可以从以下几个角度进行阐释：第一，从横向视野来看，天命之流行周流六虚，上下该遍而无所不覆；第二，从纵向视野来看，天命自身之流行运转过程也是永不停息、生生不已的；第三，正所谓"天命之谓性"，天之所命必定要下行到个体生命之中，这就构成了一个天人沟通、相感相应的过程，而这样一个天人冥合的过程同样也是流行不已的。通过以上分析，我们发现了天命之於穆不已的多个面向，正是天命之不已使得天得以成其为天。

　　其次，关于文王之所以为文，《中庸》将之归为"於乎不显，文王之德之纯。"第一，它表明的是文王自身所具有的纯德，这种纯粹的德性就其来源而言必定是指向天命的，这也正是《中庸》此处为何将天与文放置在一起讨论的原因。这种纯粹的德性就其内容而言则必定是无一丝毫之人欲的，使得天之所赋的德性全体莹然地呈现出来，而全无物欲意见之障蔽。第二，它表明的是文王修德不已的过程。天命流行不已，故而在天人沟通的境域下个体之率性修道的过程也是永无止境的，这也就是《周易》乾卦所说的"君子终日乾乾"，文王之所以能保养自身之纯德，就在于他时时刻刻如履薄冰、如临深渊，修养自身德行而不敢有丝毫懈怠。正是文王的德之纯与修纯德之不已使得文王得以成为圣王之典范。那么，为何说这是文王之所以为文的原因呢？这个问题实际涉及的是"文"自身所具有的内涵。我们知道孔子有言："周监于二代，郁郁乎文哉！吾从周。"此外，孔子还曾说："文王既没，文不在兹乎！"实际上，文王之"文"指的便是天道、天命，文指的是纹理义，自然便被引申为天道流行之纹理轨迹，可见，道是以文的方式自我显现的。文王之所以为文就在于文王敬受天命，循天命而行人事，使得纯粹无染之天德流行己身，并勤修此德而使其纯之不已，因此文王循着天道之法则而打造出了"郁郁乎文哉"的人文世界，文王自身也得以谥号为"文"。

　　我们所处的世界是文王为中华民族所开启的人文世界，我们所拥有的文明是文王精神所衍生的礼乐文明，因此我们也必须在以诚待人中继续发扬文王精神，使得此诚纯粹不已，并且修养此诚不已，让以诚待人在个体生命活动的展开过程中不竭不尽、不停不止。

分于道，谓之命；形于一，谓之性，化于阴阳〔1〕，象形〔2〕而发，谓之生；化穷数尽，谓之死。故命者，性之终也。则必有终矣。

——《礼记·本命》

注释

〔1〕阴阳：指的是阴阳二气。

〔2〕象形：具备一定的形体之象。

译文

根据天地自然之道而化生出来的就是命，人禀受阴阳之气而形成不同的个性就是性。由阴阳变化而来，有一定形体发出来，叫做生；阴阳变化穷尽之后，叫做死。所以说，命就是性的开始，死就是生的终结。有始则必有终。

解析

本段文字重在讨论命与性二者之间的关系。天之所赋谓之命，禀之在我则谓之性，这是与《中庸》开篇所言的"天命之谓性"一脉相承的。既然我们的性是由天之所赋，那么我们就需要将此光明德性发挥出来，这在《论语》那里，则被表述为"下学而上达"；在《大学》那里，则被表述为"明明德"；在《周易·系辞》那里，则被表述为："一阴一阳之谓道，继之者善也，成之者性也。"虽然在不同的经典中有不同的表达，但指向的都是对自我的超越与对天道诚体的回归。

　　正如我们前面所提及的那样，生命主体禀受着诚体所赋之性，但由于责任的交付，一方面，"诚"落实到具体的个体身上面临着断灭与中止的可能性；另一方面，人性之"诚"受到偏驳浑浊之气质的干扰而面临着难以开显澄明的可能性。基于此，我们需要开展继善成性的修养功夫，努力将诚体所赋予的"天命之性"扩充发扬，使之能真正与诚体贯通圆融。当然，并非所有人的"天命之性"都受到后天习气的干扰，《中庸》便进行了"自诚明"与"自明诚"的区分，圣人生而即知自己所具的"天命之性"，并能安居此性；而圣人以下却要通过一番修养工夫扩充恢复自己所具的"天命之性"，使之与诚体相互贯通圆融，并要时时执守。换言之，圣人生而便能做到"不息于诚"，而贤人乃至以下之人则需通过工夫修养实现"不息于诚"，且唯有以"不息于诚"作为生命主体的存在方式，才能最终实现"各正性命"。因此，我们所提倡的以诚待人，某种程度上就是在做继善成性的修养工夫，就是对"诚"的践行，天道诚体是极高明而道中庸的，以诚待人也必定是在日常生活中才能得到落实，正是这样一个活泼泼的生活情境构成了儒家精神自我展开的场所。

仲尼祖述尧、舜，宪章文、武；上律天时，下袭水土。辟如天地之无不持载，无不覆帱〔1〕，辟如四时之错行，如日月之代明。

——《礼记·中庸》

┃注释┃

　　〔1〕覆帱：覆盖。

┃译文┃

　　孔子远则效法尧、舜，近则依从周文王、周武王；上则取法于天道运行变化的次序时节，下则参照水土的因地制宜和川流不息。就如天地的广大深厚、广泛承载万物、荫蔽万物，就如天道的真诚般，四季往来运行，日月循环光照，照亮那个以诚待人、讲信修睦的理想时代。

┃解析┃

　　孔子之所以为圣人，并不是他自身能够承担的，而是他站在了巨人的肩膀上。三代损益的历史遗产、尧舜德治的政治信念、至诚无息的人性品格在孔子那里展现开来。圣人的德性是集大成的。我们学习孔子，首先要肯认他是中华民族的圣贤，是世界人民精神家园所需要的大树。其次，我们需要认识到孔子是一个活泼泼的人，《论语》中的孔子是那样的朴素、真诚、睿智、执着、从容，为我们做人做事提供了重要的参照，而最令人动人的就是孔子在面对诸多是非问题上的真诚，譬如"以直报怨"、马厩失火先问"伤人乎"

等，向我们展现了一个真诚的孔子，也为我们如何理解和践行以诚
待人提供了重要参考，指引了我们人生前进的方向。

万物并育而不相害，道并行而不相悖，小德川流，大德敦化〔1〕，此天地之所以为大也。

——《礼记·中庸》

注释

〔1〕敦化：含宏万物的德性流行态。

译文

万事万物一同生长而不会相互妨害，一同运行而不会相互扰乱，微弱的德行也要能永不止息地修养下去（此是健德），高尚德行要能够含宏万物、化成天下（此是厚德），这就是成就了天地之大的原因，也促成了与人真诚、讲信修睦的理想社会。

解析

万物并育、道并行都是天地之真诚的彰显。《中庸》里面也提到天下国家有"九经"，但操作起来就是一事，朱熹认为这就是以诚做事。"道不远人"因为，这里的"道"是经典、常道。都是根据人的自根自本的人性得到彰显，而这样的人性必然是《孟子》里"不忍人之心"的真诚恻怛。此外，"辅万物之自然"而不妄为的自然道德律与本处的强调的基于"天命之谓性"的人性真诚自然流露是相通的。

大德与小德是德性精粗的关系。大德与小德并不矛盾，性善论基础上的德性并不能以多少作为衡量标准，而仅仅是一个精密与粗疏的关系。举例，我们可以以一个乞丐分给穷人几文银两为小德。

一个男子跳河救人为大德，但这两者都属于德性。但不能以此论优劣。儒家强调德性是每个人天生人成的，德性的淳厚与微薄不能以知识、学历为衡量，陆象山指出"若某则不识一个字，亦须还我堂堂真正地做个人"。这就是挺立自我的主体性，为人自身的生命呐喊，为人之所以为人的真诚而呼喊。对于建设以诚待人、讲信修睦的社会尤为重要。

唯天下至诚，为能经纶天下之大经，立天下之大本，知天地之化育。夫焉有所倚？肫肫〔1〕其仁！渊渊其渊！浩浩其天！苟不固聪明圣知达天德者，其孰能知之？

——《礼记·中庸》

注释

〔1〕肫肫：诚恳真挚。

译文

只有达到至诚的人，才能筹划天下的以诚待人、讲信修睦的常道，确立天下秩序的根本，知道天地的生长化育过程，哪里还需要别的依傍呢？真挚仁爱的美好德性！起始时如深水之泉一样有本有根，似源头活水！其至时如广大之天般覆盖万物，化育天下！假若不是自身的聪颖、智慧、真诚、光明，顺遂天生德行的人，谁还能够认识到常道、大本之处呢？

解析

圣人是极诚无妄的，同时，至诚是可以达到的境界。本条强调了至诚与常道的关系，至诚并不是不可到达的。每个人来到凡尘之中都是有神性灵明的，这也是为什么人作为"天、地、人"三才之一出现并得以彪炳的重要原因。常人认为，尧舜的禅让是对人性极大的考验，但从人性本善的角度出发，一切又是那么的朴素自然。正所谓"极高明而道中庸"。至诚也并不是那么容易达到的。"上智下愚"的存在应当考量为：一个人获取知识的能力并不等同于其领悟道德水平的能力。获得知识的快慢、多少是先天固有的，领悟道德的能力也是人人本自具足的，只是一个快慢精粗的问题。因而在追求以诚待人、讲信修睦的道路上，我们要一直前进，以圣贤为榜样。

达天德是我们每个人本自具足的能力。天道与人道是相互贯通的。达天德看似遥不可及，实际上我们的一举手、一投足都是锤炼我们天德的方式。从忠信之道处出发，以恕道为对待他人之标尺，辅之以礼乐刑政，这就是传统儒家士大夫的出世之学。而今天的我们似乎离古人太遥远了，但当我们读到经典的时候，又是那样亲切、自然，这就是因为我们与古人在思想上是感通的，而这样的感通古人就没有吗？因此，经典在未被书写之前已经有了悠远的历史，无尽的上溯，那就是人对于天人关系的思考在不断地成熟，对天德的赋予也就不断地深刻，这一点在《尚书》中有很好的反映。在夏商周三代因革损益的历史进程下，宗教性的天德观念毋庸置疑地存在。在轴心时代，《尚书》中强调"以德配天""敬德保民"的观念，无疑是意义巨大的。"敬"的主体是人，客体是"德"，因为"皇天无亲，惟德是辅"，"天"的价值呈现便落实到"德"的彰显上去了，而"德"的彰显便是人的价值主体性的表现。这都反映了人对于天的关系在不断深刻、分化、成熟。今天，我们构建以诚待人、讲信修睦的和谐社会，必须从天人关系的视域中重新领会忠信仁义等道德品质。

道德仁义，非礼不成；教训正俗，非礼不备。分争辨讼，非礼不决。君臣、上下、父子、兄弟，非礼不定。宦学事师，非礼不亲。班朝治军，涖官〔1〕行法，非礼威严不行。祷祠祭祀，供给鬼神，非礼不诚不庄。是以君子恭敬撙节退让以明礼。

——《礼记·曲礼上》

注释

〔1〕涖官：担任官职。

译文

道德仁义的实现，没有礼就不能实现；教导后人，维持以诚待人、讲信修睦的社会风俗没有礼就不能完满；分辨争讼的是非，没有礼就不能决断；君臣、上下、父子、兄弟，没有礼名分就不能确定；外出从师学习，没有礼师生之间就不能亲密；排列朝廷的官位和整治军旅，莅临官职执行法令，没有礼就将失去威严；临时的祭祀和定期的祭祀来供奉鬼神，没有礼就不能虔诚庄重。因此，君子态度恭敬、凡事有节制、对人谦让，这样来体现礼。

解析

礼的范畴是广阔的，"礼仪"是"礼义"的体现。无论是传统思想史意义上的"仁义礼智信"，还是出土文献中的"仁义礼智圣"都属于道德的范畴，而这些范畴的核心是仁。仁学或说是人学的实现都需要礼仪的彰显。"建国君民，教学为先"，除了必备的知识，学校还应当是一个人涵养德性的重要道场，而这也需要学校制定一些规章制度，礼仪规范。礼法之间并不是绝对的矛盾，要善于在法治的基础上，运用礼治的合理因素。家庭、社会、政治伦理秩序的规范也需要礼仪的参与。祭祀更需要通过礼仪彰显人的真诚与诚信。而这一切都是礼仪背后的礼义的应有之义，而礼义就是仁道，仁道是天道的反馈，只有真诚于天道，仁道才能彰显，礼义也能显发，礼仪从而有所精神遵循，以诚待人、讲信修睦的社会诉求因而也有所依凭。

　　谦虚是真诚到礼仪的重要桥梁。恭敬与诚信本是一体，只有诚信于自己，才能诚信于他人。只有恭敬对待自己的德性本善才能对他人有真切的恭敬心。而恭敬的重要表现就是谦虚，为人有礼，低调务实。就像水一样，至柔至刚，处下不争，无为而无不为。不妄为是因为内心的虔诚与恭敬，也与儒学的宗教信仰情结相关。从这个角度看，儒家和道家是同本同根的。正是谦虚，才让我们看到了上天的博厚、高明、悠久，才让我们看到了人自身的渺小和伟大的统一。才让我们看到了以诚待己、以诚待人的光明方向。

子思曰："丧三日而殡，凡附于身者，必诚必信，勿之有悔焉耳矣。三月而葬，凡附于棺〔1〕者，必诚必信，勿之有悔焉耳矣。丧三年以为极亡，则弗之忘矣。故君子有终身之忧，而无一朝之患。故忌日不乐。"

—— 《礼记·檀弓上》

注释

〔1〕棺：棺材。古时套在棺外的外棺叫椁。

译文

子思说："人死三日而殡，凡殓时所用的衣衾都必须诚心准备，依礼而行，不要给自己留下什么遗憾。殡三月而葬，凡随葬明器都必须诚心准备，依礼而行，不要给自己留下什么遗憾。服丧三年为最长期限，而对已亡的父母却不可忘记，所以丧亲的君子怀有终身的哀思，回想父母亲人的教诲，以诚待人、讲信修睦，团结邻里，而不使父母的墓冢遭受意外的毁坏，因此君子每逢忌日都不举行吉庆的事。"

解析

"子生三年，然后免于父母之怀"，父母与子女的感情是这个世界上最真挚、最真诚的情感。如果要做到"以诚待人"，首先要落实在对父母的态度上。能主动地去思念自己的父母亲人，这是天人之际人性真诚的直接反映。古时，封疆大吏即使是外地做官，也有"丁忧"的必要和权利，这样有助于讲信修睦的社会氛围的营造。

守住丧葬文化的"常道"，或者说是"常道意识"是当下最迫切需要认识到的。著名哲学史家张岱年先生多次强调要从中国传统文化的"变"与"常"这个角度来看传统或现代的伦理问题，传统伦理的发展也是在不断"损益"中前行，守住"常"道便是不会脱离了根本方向，这恰恰是我们这个强调"创新"的时代最缺乏的东西。当下的农村殡葬改革强调诸如"丧事当天必须结束，不披麻戴孝"等，很多人认为这就是真正意义上的"革新""移风易俗"，笔者认为，这样有可能反而会适得其反，没有了礼仪的庄重威严，取而代之的是昂贵的殡葬服务费。使得"三年无免于父母之怀"的感恩心无法得到体现。政府提出改革丧葬之礼目的当然是出于避免群众攀比敛财的好心，但如果一刀切的做法，便会使丧葬礼俗中体现的对逝者应有的尊重荡然无存，那种"慎终追远，民德归厚"的理想图景根本不可能实现。我们都知道，孔子也是反对大操大办的（"礼，与其奢也，宁俭。丧，与其易也，宁戚"），同时也强调礼仪感的重要性（"尔爱其羊，我爱其礼"）。这就要求我们重新认识丧礼，并坚决抵制一刀切的做法，呼唤新时代"合义合道"的丧葬礼俗。

礼有大有小，有显有微。大者不可损，小者不可益，显者不可掩，微者不可大也。故《经礼》三百，《曲礼》三千〔1〕，其致一也。未有入室而不由户者。君子之于礼也，有所竭情尽慎，致其敬而诚若，有美而文而诚若。

——《礼记·礼器》

注释

〔1〕《经礼》《曲礼》：《经礼》指《周礼》，《曲礼》指《仪礼》；也有泛指前者为大礼，后者为小礼的说法。

译文

礼有大，有小，有显著的，有细微的。礼大的不可减损，小的不可增加，显著的不可遮掩，细微的不可增大。因此礼的纲领有三百条之多，具体仪节有三千条之多，这些礼仪实行起来都必须致以诚心。则是一样的，就如同入室中而没有不从门进去的。君子对于礼，有竭真情、尽戒慎、致恭敬而表达真诚和顺之心的，有通过美化、文饰而表达真诚和顺之心的。

解析

对待礼仪需要谨慎。礼仪的制定在先秦时期都是有着细密的规定，都是有所依凭的，我们读一读《仪礼》就会清楚这一点。本条并不是强调我们要墨守如此细密的礼仪去生活，更多的是在讲要找到研修礼仪的门户，也就是"真诚"。无论礼仪多么复杂，都需要以诚恳的态度进行操练。而且要竭尽真诚之心，谨慎操练，通过礼仪来彰显我们自己的真诚。

但不得不说，礼仪是变中有常，常中有变的，仁礼本就一体。例如，日本学者吾妻重二的《朱子家礼》研究中很细致地考证了朱熹如何应对当时社会上对《仪礼》逐步的丧弃，而朱熹则进一步根据当时的社会习俗加以革新，以《朱子家礼》阐释礼义，进而使礼学轻装上阵，焕发了新生命；同样，在我国台湾学者张寿安女史的笔下，凌廷堪"以礼代理"，通过五伦关系之现实实践，以重整正常的伦常秩序，并经由丧祭等日常典礼逐步推行，以起到净化社会风俗，正人心、厚风俗之目的。这看上去平平无奇，却意味着儒学性质从理学走向实学之重要转化，推动了礼学的落地落实。而上述两例中朱子和凌廷堪均为"合时""合义""合道"之举。孟子赞叹孔子是"圣之时者也"，需要认识到"时"并不是一种"投机主义""趋炎附势"等心态或状态，而是能够在天道背景中仁道正义秉持下做到"无可无不可"的人生态度。"义"者，宜也，合道而行之也。诚敬于天道，回归儒学仁义道德的本义，这样才算是合乎仁爱之道的礼仪。

礼乐之说，管乎人情矣。穷〔1〕本知变，乐之情也；著诚去伪，礼之经也。礼乐偩〔2〕天地之情，达神明之德，降兴上下之神，而凝是精粗之体，领父子君臣之节。

——《礼记·乐记》

注释

〔1〕穷：探究。

〔2〕偩：依靠，取自于。

译文

礼乐的道理，贯通着人情。探究人的本心之诚而了解其感情的变化，是乐的根本功能；彰明诚信而抛弃虚伪，是礼的作用表现。礼乐依照天地的情性，通达神明的德性，（用于祭祀）可以使天神降而地神出，（用于万物）可使其大小精粗等各种不同的形体都得成就而端正，（用于人伦）可理顺父子君臣的真诚关系。

解析

礼乐是上天给予我们人类非常珍贵的礼物。"诚"的思想范畴是根源儒家天人关系的思想脉络中的，而礼乐是儒家天人关系相关沟通的重要途径。也可以说，"诚"道在很大程度反映在礼乐中的。没有礼乐的国度与社会不可能长久存在。世界上大多数有较长历史发展的民族国家都有着独具特色的礼乐文化，只是表现的方式不一样。而究其思想根源，大多能反映了该民族对天地、人间、事物、人际的思考与实践。中国传统社会有着独具特色的礼乐文明，而礼乐在中国人看来，是人情人性本真、真诚的人生实践与艺术表达。没有礼乐的熏陶与传承，我们不可能深切体会到我们中国人从哪里来、到哪里去等人生观核心关切。礼乐的彰显是对人性真诚的重要表征，这也意味着"不诚无物"的人生价值选择需要通过礼乐的实践得以彰显。

同时需要注意到的是，"诚"与"伪"并不是绝对的矛盾。在本条的意思是真诚地反映自己内心的诚恳、去掉外在于自身圣洁纯善本性的伪装或装饰，以"以诚待人"的姿态面对自己、面对他人、面对自然、面对世界。这在儒学的义理脉络中显然继承了思孟学派的心性修养主张，是思孟一系人性本善理论架构的重要支撑。这里很显然是把"伪"作为贬义对待。但在荀子那里，"化性起伪"基于对人性的朴素认识（一般认识），讲"伪"视为弥补人性缺陷的重要手段，以"隆礼重法"的途径实现社会的和谐、诚信。这两者在理论发生处便产生了分歧和矛盾，但这也并不意味着两者的绝对矛盾。在荀子思想处，"伪"更是一种礼的加持，而并非全然是不堪一提的。从思孟学派一系处，礼乐也是实现以诚待人、讲信修睦的重要途径。以礼乐为纽带，正确看待"诚"与"伪"的思想背景差异。将为我们更好地全面继承儒家的思想资源、创造一个以诚待人、讲信修睦的和谐社会提供新的启示。

是故大人举礼乐，则天地将为昭焉。天地䜣合，阴阳相得，煦妪〔1〕覆育万物，然后草木茂，区萌达，羽翼奋，角觡生，蛰虫昭苏，羽者妪伏，毛者孕鬻，胎生者不殰，而卵生者不殈，则乐之道归焉耳。

——《礼记·乐记》

注释

〔1〕煦妪：抚育。

译文

所以圣人实行礼乐，天地都将跟着光明、真诚。天地之气相融合，阴阳和顺，相辅相成、和谐自然，以抚育万物成长，然后草木茂盛，种子发芽，禽类奋翅，兽类繁生，蛰虫苏醒，鸟类孵育雏鸟，兽类怀孕生养，胎生的没有死胎，而卵生的卵不破裂，这些以诚敬天、和睦淳淳的景象都要归于乐的功效呀。

解析

"大人"多指贤才、君子，在这里指有宏大人生理想的圣人。为什么是"大人"举礼乐？大人的德性与智慧并非仅仅是自身所创发的。从社会发展的角度看，人类智慧的发展不是一蹴而就的，是漫长的社会发展而来的，是在与自然斗争相处的实践中来的，更是人自身对于自我认识不断提升的反省中来的，而这样的理论机制形而上的维度就是上古的苍茫、博厚、高明、悠久。一言以蔽之，就是"人者，其天地之德，阴阳之交，鬼神之会，五行之秀气也"。

从"以德配天"的人学角度看，人的德性的培植与存养要符合天道自然的诚然之态。但必须要承认每个人的后天习性是不一样的，正所谓"性相近也，习相远也"，每个人德性的存养的精粗程度便有所不同，这便有了君子与小人的区别，乃至于圣凡之异。因此，社会对于君子（贤者）提出了更好地道德要求，而这些道德要求、道德理想的实现需要通过礼乐这一途径来完成。

如何正确认识"乐之道"？礼乐和合的精神可以说是"情深而文明，气盛而化神。和顺积中而英华发外，唯乐不可以为伪"，而这样的一种精神气象，反映在自然事物上就如上文所言那般祥和、诚恳、和睦。从精神气质上看，可以说是"万物并育而不相害。道并行而不相悖"。而这里凸显的就是"乐之道"的显化。"乐之道"的显化究其根本还是音乐带给人的精神滋养，所产生的天人向往。例如就古琴而言，高罗佩说："从上古之初古琴就具有两种不同的功能。一方面，它是乐队合作中的一种乐器，用于宗庙祭祀仪式和其他庄严的场合，以及为宴会的即兴演奏；另一方面，古琴作为一种独奏乐器，其演奏是随时的，取决于个人的兴趣，而演奏的目的则为了愉悦自我。"这样的功能自然会导向"大乐与天地同和，大礼与天地同节"的境界之中，从而让我们自觉地进入一个以诚待人、讲信修睦的社会生态之中。

是故贤者之祭也致其诚信，与其忠敬，奉之以物，道之以礼，安之以乐，参之以时，明荐〔1〕之而已矣。不求其为。此孝子之心也。

——《礼记·祭统》

注释

〔1〕明荐：祭祀时进献祭品。

译文

因此贤者的祭祀，是表达自己的诚信和忠敬之心，以创造一个待人以诚，讲信修睦的社会环境，这需要向祖宗神灵奉献祭物，用礼义做指导，用颂乐来慰藉神灵，并且参照时节，用洁净的祭品进献给祖宗神灵，而不为求得祖宗神灵的赐予，这就是孝子的心意。

解析

本条主要讲诚信与忠敬这两种德性的并举。《论语》也讲"主忠信，无友不如己者"，一个诚敬于天的人，自然而言是具有真诚品性的人，中国人常讲"举头三尺有神明"，意思是我们一举手一投足都有着上天神明的俯视，每个人都要做事有良心、有良知。既是抛开神明的威慑，当我们真诚地面对上苍时，得到的便是"汝安，则为之"的心境去做人做事。从而我们自然可以推己及人，以忠恕之道对待自己、对待他人以谦虚的人生态度来面对他人，面对世界。从而实现待人以诚、讲信修睦。

理解本章"孝子之心"的心意是本条需要注意的第二点，儒家有大量关于"孝道"的论述，而且无论是在理论层面还是在实践层面都具有很高的价值和值得琢磨之处。我们不仅需要孝养父母，更要孝顺父母，不能让父母"色难"，更需要以自身的成绩来彰显父母的价值，这是中国古代家国同构理论的重要一环。而通过祭祀，我们能够向祖先神灵表达什么？真诚。这就意味着孝子贤孙不应当求有所回报，从以"慎终追远"的方式，实现"民德归厚"的社会效应。进而这也对推进讲信修睦的和谐社会产生积极影响。

天子、诸侯非莫耕也，王后、夫人非莫蚕也。〔1〕身致其诚信，诚信之谓尽，尽之谓敬，敬尽然后可以事神明，此祭之道也。

——《礼记·祭统》

注释

〔1〕天子亲耕，王后亲蚕：我国古代国家祭祀的重要组成。

译文

天子、诸侯没有不亲自耕种的，王后、夫人没有不亲自养蚕的，这样来亲身表现对祭祀的诚信，来推进社会和谐。诚信就叫做尽心，尽心就叫做恭敬，能尽恭敬之心然后才可以侍奉神明，这就是祭祀的道理。

解析

这一条主要是讲躬行诚信的必要性。诚信与忠敬本是一体。古时天子诸侯为了实现其"其身正，不令而行"的政治哲学，必须做平民的表率。"诚者，自成也，而道，自道也。诚者，物之终始，不诚无物。是故君子诚之为贵。"只有自身以诚待人，做出榜样，才能真正实现成就自己，成就他人，进而可以表述为"修己以敬""修己以安人""修己以安百姓"这样一种进阶的政治哲学，从而推进讲信修睦的社会风气的形成。只有自身实在地体验到诚信的意义，我们便可了解到何为"敬"，从而为我们正确认识人自身的价值找到一个基点，从而明了群己关系，更关键的是让我们自己知道了自己与天道神明的关系本是一体。诚信与忠敬都是一事，事上去磨炼才能出真知。

祭祀的根本目的是让人自身的心灵找到归属与慰藉。"神明"是来自上古的苍茫，更是来自我们每个人"明明德"的一点灵明。"诚"的落实必须彰显在自我这一主体上。只有"诚信"于自我，才能诚信于他人。《论语》中孔门弟子宰我与孔子讨论"三年之丧"的问题。礼制可以有所损益，但要有根据、有时情。"子生三年，然后免于父母之怀"难道不应该值得每个人深刻反思吗？一味地一刀切，甚至于当下的"当日丧，当日葬"等情形难道不应该反思吗？"夫君子之居丧，食旨不甘，闻乐不乐，居处不安，故不为也。"正是因为我们每每回想父母才能激发出基于"真诚"的内心不安，从而驱使我们用"真诚"的姿态面对父母的逝去、面对祖先的拷问、面对自我的心灵。这样的祭祀之道也是人之所以为人的精神所在。

身心

孟子曰："居天下之广居，立天下之正位，行天下之大道。"

从仁、礼、义三个方面确定了人之所以为人的三大目标，只有这样的人才能够做到"富贵不能淫，贫贱不能移，威武不能屈"。

究其实，这实际上讲的是身心关系。只有身心一致的人，才有可能"自反而缩，虽千万人，吾往矣"！所以，"仁义礼智根于心，其生色也睟然，见于面，盎于背，施于四体，四体不言而喻"。

壁立千仞，无欲则刚。这是我们每一个人坦坦荡荡，通体透明，诚信与和乐相互依存，幸福与成功彼此激发的人性基础。

"君子终日乾乾〔1〕，夕惕〔2〕若厉〔3〕，无咎"，何谓也？子曰："君子进德修业。忠信所以进德也。修辞立其诚，所以居业也。知至至之，可与言几也。知终终之，可与存义也。是故居上位而不骄，在下位而不忧，故乾乾因其时而惕，虽危无咎矣。"

——《周易·乾·文言》〔4〕

注释

〔1〕乾乾：自强不息，勤奋不懈。

〔2〕惕，警惕。

〔3〕厉，祸患，危险。

〔4〕《文言》：对《周易》乾、坤两卦的阐释和补充，主要以儒家的思想对乾、坤两卦进行解读。

译文

"君子终日乾乾，夕惕若厉，无咎"，是什么意思呢？孔子说："君子提升道德修养，树立功业。忠诚信实以提高道德修养。言辞诚信以立定功业。该来的让它来到，明白几微之妙具有先见之明。该止的及时终止，懂得什么是义而能相宜行事。因此身居上位不骄矜，处于下位不忧虑，故而能在所处的局势中时刻让自己警惕，这样的话即使有危险也不会有咎害。"

解析

"君子终日乾乾，夕惕若厉，无咎"是《周易》乾卦九三爻爻辞中的一句话，大意是君子终日遵天道而行人事，即使处于深夜之中也需戒慎恐惧，深具忧患意识，这样就能避免祸患和咎害。这句话颇有老子"祸兮福之所倚，福兮祸之所伏"的意蕴。

　　孔子对这句话的阐释之核心在于诚德。孔颖达曾对孔子的这段见解加以阐释："德谓德行，业谓功业……推忠于人，以信待物，人则亲而尊之，其德日进。"君子终日乾乾，苟日新，日日新，无论是进德还是修业，重点都在于基于身心和谐的真诚信实。君子立德修身，修养自身内在的德性，需以诚为本，以诚意涵养德性，"诚之者，人之道也"。而君子的德性修养需通过外在的言辞来彰显，言行举止以诚为依归，君子立身行世需讲求诚意，谨慎有度，此即"修辞立其诚"。孔颖达对此解释道："辞谓文教，诚谓诚实也。外则修理文教，内则立其诚实，内外相成，则有功业可居。"修辞立诚，通过立德、立言、立功来展现君子高尚的道德修养和思想品格。这与《礼记·大学》的"格物、致知、正心、诚意、修身、齐家、治国、平天下"的进路一致，这才是"明明德于天下者"，此即内圣外王之道。因此，君子进德修业，皆以诚意为本，"知至至之"，该来的就让它来到，或者明白德业修养的目标，并努力去实现，"知终终之"，明白德业修养的终成之时，相宜行事，这样才知道自身处于什么样的位置，时刻让自己处于警醒状态。

君子黄中通理〔1〕，正位居体，美在其中，而畅于四支〔2〕，发于事业，美之至也。

——《周易·坤·文言》

注释

〔1〕黄中通理：黄色为大地之正色，中乃中正，以喻中和的美德。通理，即通达事理。

〔2〕支：通"肢"，肢体。

译文

君子之德好比正色中和，通达人情事理。身居适宜正当的地位，把美德蕴存于心，而畅达于四肢，发扬于事业之中，这才是美德的最高体现。

解析

这段话是对《周易》坤卦六五爻的阐释，与孟子所言"君子所性，仁义礼智根于心，其生色也睟然，见于面，盎于背，施于四体，四体不言而喻"有异曲同工之妙。

程颐在《周易程氏传》言道："君子……居正位而不失为下之体。五，尊位，在坤则惟取中正之义。"君子禀正色，得中正之道，万事万理通达条畅。"君子黄中通理"，即人的德性由天而授，天道通过人中正的状态体现出来，使君子时时刻刻摆正自己的位置，顺天而变，与时势相合相应，应时而为，与时俱进，与时偕行，此所谓孟子所讲的"君子所性，虽大行不加焉，虽穷居不损焉，分定故

以诚待人 讲信修睦

也"，君子之心与天道相通，以达至天人不二。君子的德性，蕴存于心中的中正，体之于身，"美在其中"，继而由内向外地拓展，发之于行，通过言行而显发出来，语言真诚信实，行为谨慎有度，再而把这种心中的美德发扬于事业之中，"美之至也"，成就盛德大业之至美，可谓"敬以直内，义以方外"。由此可见，君子若想成就人间的事业，需"黄中通理"，以诚意涵养德性，"正位居体"，诚意正心，保持中正之道。正如《周易·系辞上》所言："夫《易》，圣人所以崇德而广业也。"崇德而广业，先修身立诚才有大业，德业贯通，此亦内圣外王之道。

《易》有圣人之道四焉：以言者尚其辞，以动者尚其变，以制器者尚其象，以卜筮者尚其占。是以君子将有为也，将有行也，问焉而以言，其受命也如响〔1〕。

——《周易·系辞上》

注释

〔1〕响：回声。如响，如声音之回响。

译文

《周易》蕴含着四个方面的圣人之道：用《易》来指导言论的人崇尚其文辞精义，用《易》来指导行动的人崇尚其阴阳变化，用《易》来指导制作器物的人重视其卦爻象征，用《易》来指导卜问决疑的人重视其占筮原理。所以君子将有所作为、有所行动之时，就会卜问征询《易》，再依照《易》中卦爻辞的指导来说话行事。

解析

《周易》穷神知化，贯通天、地、人之道，包含了宇宙万事万物的生生变易之理。古代的时候科技不发达，生产力水平不高，百姓的生产生活皆依赖于天道自然。因此圣人以"保合太和"为指导，为了民生利益、社会和谐，与天地贯通，通过"辞""变""象""占"来运用《易》，依照《易》中卦爻辞的指导来行事，通过《易》通达言说，窥探天机，为了天下苍生达到趋吉避凶，趋利避害的目的，"富有之谓大业，日新之谓盛德。生生之谓易，成象之谓乾，效法之谓坤，极数知来之谓占，通变之谓事，阴阳不测之谓神"。

程颐在《周易程氏传》中言："天地之益无穷者，理而已矣。圣人利益天下之道，应时顺理，与天地合，与时偕行也。"而圣人占卜问《易》之前，需保持诚敬之心。诚是贯通天人之道的统一，与原始巫术的至诚通神的观念有关，"大哉乾元，万物资始"，生生之道，即是诚之源。圣人只有具备"诚"的德行思想，才能达到天人合一的状态，心通天道，知天命。现代社会的管理者虽然无需用《易》来占卜国运，依《易》而指导百姓的生活，但依然需要保持诚敬之心，只有保持诚德之心，才会做有利于社会、有利于民众的事情，才不会破坏纲纪，治乱社会，致使国家和百姓处于水深火热之中。

无有远近幽深，遂知来物。非天下之至精，其孰能与于此？参伍〔1〕以变，错综其数。通其变，遂成天地之文；极〔2〕其数，遂定天下之象。非天下之至变，其孰能与于此？《易》无思也，无为也，寂然不动，感而遂通天下之故。非天下之至神，其孰能与于此？

——《周易·系辞上》

注释

〔1〕参伍：叁数或伍数，即数的变化不定。

〔2〕极：穷究，穷极。

译文

无论遥远、切近还是幽隐、深奥的事情，用《易》都能推知未来事物的情状。若不是通晓天下最精深的道理，谁能做到如此呢？不断地变化研求，错综往复地推演蓍数；会通其变化，就能形成天地的文采；穷究其蓍数，就能判定天下的物象。若不是通晓天下最复杂的变化，谁能做到如此呢？《周易》的道理不是冥思苦想而来，是自然无为所得，它寂然不动，根据阴阳交感相应的原理就能会通天下万事。若不是通晓天下最神妙的规律，谁能做到如此呢？

解析

《周易》一书从本质上来讲，讲的就是变易、通达，"化而裁之存乎变，推而行之存乎通"，与天地之道相准，把握天地之间生生不息之理，通过对万事万物变化的把握，掌握几微之妙，达于天下之利，"变而通之义尽利"。变则通，通则久。天地阴阳看似变化莫测，但冥冥中也自有定数与规律，"天地运而相通，万物总而为一"，圣人通过感通，了解天下人、天下事，"天地感而万物化生，圣人感人心而天下和平。观其所感，而天地万物之情可见矣"，圣人之心与天地感通，通其变，极其数，通过观测天道以探究人道。天道即诚，通天地而成万物，一切事物事理皆蕴含在内，牵动着天地万物的发生发展。而贯彻于人道的诚，即是善，"诚无为，几善恶"。无思，即心不动思虑，喜怒哀乐未发之时，保持自然而然、寂然不动的状态；无为，即身不动作，无须刻意地作为。看似万象森然，实则冲漠无朕已具。无思无为，心与物同归于寂，感而遂通，心物连发，以通天下之事。周敦颐曾言："寂然不动者，诚也；感而遂通者，神也；动而未形，有无之间者，几也。"这样的状态，只有至诚至善的圣人才可做到，《中庸》有言："唯天下至诚，为能尽其性；能尽其性，则能尽人之性；能尽人之性，则能尽物之性；能尽物之性，则可以赞天地之化育；可以赞天地之化育，则可以与天地参矣。"

夫《易》，圣人之所以极深而研几〔1〕也。唯深也，故能通天下之志；唯几也，故能成天下之务；唯神也，故不疾而速，不行而至。子曰"《易》有圣人之道四焉"者，此之谓也。

—— 《周易·系辞上》

注释

〔1〕几：几微，苗头，预兆。

译文

圣人用《周易》来穷究深邃奥妙的事理而探研细微征象的。只有穷究深邃奥妙的事理，才能会通天下的心志；只有探研细微征象，才能成就天下的事务；只有神奇地贯通《周易》，才能不须急疾而万事速成，不须行动而万里自至。孔子称"《周易》蕴含四个方面的圣人之道"，说的就是这个道理啊。

解析

圣人以《易》来探究生命真谛、穷极宇宙万物之理，极究深奥，穷研几微，"见几而作，不俟终日"。只有穷究万事万物之理，才能通天下之志，会通天下人的思想，"定天下之业，断天下之疑"。《易》虽幽微神妙难测，但圣人至诚至善，不用过多思虑，言行就能得当合乎于礼，相宜行事谨慎有度，一言一行合乎于中正之道。这样的圣人才能以《易》来通达言说，通达天下之理。

孔子是德才兼备的圣人，但即使如孔子这般才高行洁，他还是谦虚地说，如果让我多活几年，到五十岁的时候去学《周易》，这样就可以不犯大的错误了。《汉书·儒林传》记载："（孔子）晚而好《易》，读之韦编三绝而为之传。"

孔子不可能五十岁才学《易》，但也说明学习《周易》，体悟《周易》的深意并非轻松简单的事情，需要伴随着日积月累的生命体验。学习卜筮和象数是基本，最重要的是修养身心，进德修业，诚意正心，进而达到与天地感通的天人境界。

人心惟危，道心惟微，惟精〔1〕惟一〔2〕，允执厥中。

——《尚书·虞夏书·大禹谟》〔3〕

注释

〔1〕精：精心，精诚。

〔2〕一：专一，惟一。

〔3〕《大禹谟》：已被证实为《尚书》伪经，但"人心惟危，道心惟微，惟精惟一，允执厥中"这十六字在中国思想史、哲学史上产生了巨大影响，朱熹在《中庸章句序》称这十六字为尧舜禹三圣"道统之传"。

译文

人心动荡不安，道心幽昧精微，只有精诚专一，实实在在地实行中正之道。

解析

唐代之前对人心、道心基本未做具体阐释，孔颖达注云："人心为万虑之主，道心为众道之本"。后二程将人心解为人欲，道心释为天理，之后的宋明理学家大都基于此解加以阐释或驳辩，将此十六字纳入儒家心性论的建构之中，以此构成了中国儒学发展中核心价值理念之一。

"人心惟危"，即个体的心存在名、利等私欲，杂以人伪，失其中正，使人处于危险的境地。而道心虽未杂于人，但精微幽昧。因此人于日用之间，需时刻反省自己、警醒自己，慎独诚意，不断地克服私欲，即王阳明所讲的"以克其私，去其蔽，以复其心体之同然"。这种修养德性的路径就是"惟精惟一"，专一于道。那如何做"惟精惟一"的功夫呢？王阳明曾有很恰当的比喻。精字从"米"字旁，就以米为喻，如果想使米成为纯然洁白"惟一"的状态，就需要舂簸筛拣，舂簸筛拣即是惟精之功。通过对人心的戒慎恐惧，正心诚意，在不断地反思与醒悟之下，保持中正平和之心，去除私欲，不断地做精一的功夫，在具体的环境中不断地磨炼心志，作出适宜的选择，以诚待人，以达道心，只有这样才能达到"允执厥中"的"中正"境界，实现讲信修睦的社会理想。上通天意，曲尽人情，以中正笃实的生命个体顺应天地万物，道法自然，生生不息。

子曰："君子不重，则不威；学则不固。主忠信〔1〕。无友不如己者。过则勿惮改。"

——《论语·学而》

注释

〔1〕主忠信：即以忠信为主。《论语·子罕》有言"主忠信。毋友不如己者。过，则勿惮改"，《论语·颜渊》也有"主忠信，徙义，崇德也"之语，可互相参看。

译文

孔子说："君子，不庄重，就没有威严；学习了，就不致固陋无知。要时时恪守忠诚信实。不要跟不如自己的人交朋友。有了过错，就不要怕改正。"

解析

这段话的核心在于"主忠信"。"忠"字上"中"下"心"，意味着心需中正，不偏不倚，才能称为"忠"。忠即忠心、忠诚，在古代语境中，主要指臣子对君主应尽的道德职责，"君君臣臣"，当然广义的"忠"也包含忠于人，忠于己之意。黄侃《论语义疏》曰："君子既须威重，又忠信为心，百行之主也。"忠与信皆本于诚，所以荀子说"君子养心，莫善于诚"，朱熹也言"忠信，主于心者，无一念之不诚也"。一个人诚意正心，才能对君忠诚对人信实。

关于"无友不如己者"的阐释，历来都有争议，一般解释为不要跟不如自己的人交朋友。如果这样解释的话，大家难免会产生疑问，孔子是学问德性兼重的圣人，怎么会嫌弃不如自己的人，不与其交朋友呢？众所周知，孔子是非常喜欢交朋友的，"乐多贤友"，很看重交友之谊。对于孔子而言，"有朋自远方来"，切磋共学，是一件非常快乐的事。曾经孔子与子路谈起各自的志向，子路说他愿意将车马、衣物与朋友共同使用直到破烂都没有遗憾，而孔子说他的志向之一是"朋友信之"。把做一个被朋友信任的人作为人的志向之一，说明孔子是非常重视友情的。由此可见，与其说孔子嫌弃与不如自己的人交朋友，更不如说孔子喜欢与朋友共学共同进步，真正的益友是可以互相学习，共同成长，互相成就的。

　　"过则勿惮改"，也是至理名言。人活于世行事为人，能意识到自己的过错并不容易，因而需经常反省自己的所思所行。意识到自己的过错之后，承认自己的不当之处，并且不害怕去改正，更加不容易，需要有直面自己错误并不害怕改正的勇气和决心。意识到过错而且勇于改正，这才是孔子所言的"重"与"威"。

曾子〔1〕曰："慎终，追远，民德归厚矣。"

——《论语·学而》

注释

〔1〕曾子：即曾参，字子舆，是孔子的学生，少孔子四十六岁。

译文

曾子说："审慎地对待年长者的死亡，追念故去已久的人，老百姓自然会归于忠厚老实了。"

解析

《尔雅·释诂》释"慎"为"诚"，终是指人的死亡，也就是人生的终点。慎终，即审慎地看待长者的死亡，以表达对生命的尊重、对逝者的思念，反映在具体行为上，就是丧葬礼仪。追远，即追念已逝的人，以表示对先人、对神灵的敬畏，反映在具体行为上，就是祭祀礼仪。丧葬和祭祀文化都是表达对已逝之人的诚敬，融合了中国传统儒家文化中"孝""仁""和"等重要的文化概念，是礼法中的重要一环，也与对祖先的崇拜观念有关，民族文化也由此得到延续与传承，因此自古以来人们对丧葬文化和祭祀文化都非常重视，举行仪式时需尽心尽力，必诚必信，"事死如事生，事亡如事存，孝之至也"。

孔安国注曰："慎终者，丧尽其哀。追远者，祭尽其敬。君能行此二者，民化其德，皆归于厚也。"这里的君子，主要指在位者，即国家的统治者。统治者上行下效，通过自上而下式的"慎终追

以诚待人 讲信修睦

113

远"，以贯彻孝悌之道，使民众得到文治教化，民风变得淳朴宽厚，民心所向，民众皆归，这样才是简明高效地治理国家的方式，"明乎郊社之礼、禘尝之义，治国其如示诸掌乎"。用王阳明的话来讲，知孝知悌是良知真诚恻怛之处的显现，"致此良知之真诚恻怛以事亲便是孝，致此良知之真诚恻怛以从兄便是悌"。孝悌之道，是中华民族优良的传统美德，是维持家庭关系和谐的重要前提，践行孝悌之道，家庭才能和谐美满，国家与社会才能长治久安。

子贡〔1〕问君子。子曰："先行其言而后从之。"

——《论语·为政》

▌注释▐

〔1〕子贡：即端木赐，字子贡，是孔子的学生，少孔子三十一岁。

▌译文▐

子贡问怎样才能成为君子。孔子说："你想要说的，先实行了，再说出来。"

▌解析▐

子贡问孔子怎样成为君子，孔子的回答可谓切中要害，直指子贡的缺陷之处。子贡是一位商人，利口巧辞，因而有时候讲话难免言甚于行、言不由衷。因此孔子教导他应该言而有信，要把想说的话先行动起来，实践起来，然后再说出来，做到言行一致，这样才可称得上是君子的行径。正如《礼记·儒行》所言："言必先信，行必中正。"《周易·系辞》载曰："言行，君子之枢机。枢机之发，荣辱之主也。言行，君子之所以动天地也，可不慎乎！"言语和行为是君子之道的关键枢纽，是君子与天感通，感天动地的根本之所在，由此可见，言语和行为的重要性不言而喻。

从这段话我们可以看出，相比于言，孔子更侧重于行，他曾说君子应该"讷于言而敏于行"，"寡言而行，以成其信"。孔子的话是非常值得我们深思的，他不仅是在教导子贡，也在鞭策生活于21世纪的我们。我们每天都会与各种各样的人打交道，讲过的话难以计数，有时说话可能会言不由心，对别人说过的话承诺过的事情不一定会做得到，所以需时常反思警醒自己。一言既出，驷马难追，说过的话一定要算数，想做的事先踏踏实实地去做，这样才能俯仰天地，无愧于心。孔子因材施教，针对子贡的性格特征，强调先行后言的理念，这种理念是君子人格的重要组成部分，具有普遍适用价值。当然，我们还需要注意，先行后言只是君子德行的一方面，并不是全部。儒家追求君子人格的培养，对君子的定义和要求是多方面的。因此，我们应当根据自身的性格特征，不断做修养工夫，效法圣贤，不能局限于先行后言。

子曰："由〔1〕！诲女〔2〕知之乎！知之为知之，不知为不知，是知也。"

—— 《论语·为政》

注释

〔1〕由：即仲由，字子路，是孔子的学生，少孔子九岁。

〔2〕女：通"汝"。人称代词，你。

译文

孔子说："由！教你如何了解知识变得智慧吧！知道就是知道，不知道就是不知道，这就是聪明智慧。"

解析

子路性格刚直、好勇尚武，而性格好勇的人经常会自以为是，有骄矜之嫌。孔子曾劝诫他，说话趾高气扬的人往往会夸夸其谈，行动上骄傲自大的人往往会自我炫耀，这样百般夸耀自己有知识和才能的人是小人，因此，荀子说："君子知之曰知之，不知曰不知，言之要也；能之曰能之，不能曰不能，行之至也。"

在生活中面对自己知道的东西说知道是很容易的，但面对自己不知道的东西说不知道，承认自己的知识阈限，承认自己的不足之处不是一件简单的事情。但正因为不简单，我们更应该努力做到心口如一、诚实守信。从个人品行的角度而言，如果一个人不知道的也说知道，不懂装懂，好为人师，这个人就会流于肤浅，学问和品行都不扎实，这样的人肯定也是不可信的，不可靠的，不值得与其

以诚待人　讲信修睦

交往的。如果人人都如此，人与人之间就不能产生信任，只有冷漠、互相猜忌，整个社会就形成不了良好的人际交往关系。从国家的层面来讲，如果作为国家和社会的管理者，空有其位未有其才，不懂装懂瞎指挥瞎管理，那整个社会系统不就乱套了吗？又何谈国家的长足发展？因此坦然承认自己的知识阈限，不自欺欺人，是对自己的诚，也是对他人的真，"内不自以诬，外不自以欺"，诚于中信于外，是立身之本。相应地，国家的昌盛发展也同样需要建立在人与人诚信的基础之上，正所谓"民不信不立，业不信不兴"，诚也是立国立业之本，统治者有多大的水平就做多大的事情，承担多大的责任，不能知之为知之，不知也为知之，好为知之，这样才能利国利民，维护社会的和谐稳定。

子曰："人而无信，不知其可也。大车无輗，小车无軏〔1〕，其何以行之哉?"

——《论语·为政》

注释

〔1〕輗、軏：车辕前端和车衡相连接的插销，大车的是輗，小车的是軏。意指关键。

译文

孔子说："作为一个人，却不讲诚信，不晓得那怎么可以。好比是大车没有輗，小车没有軏，怎么能走呢?"

解析

"信"是儒家非常重视的伦理原则之一，所以孔子说："人而无信，不知何其也。"孔子用古时车上的輗軏来比喻信，对此段玉裁在注引戴东原对本句的解释时说："大车鬲以驾车，小车衡以驾马。其关键则名輗軏。辕所以引车，必施輗軏然后行。信之在人，亦交接相持之关键。故孔子以輗軏喻信。"车要向前就需要马、牛的动力，而马和牛的动力传递带动车子前行的关键部件就是輗或軏，輗或軏就是链接车和马的重要环节。正如段玉裁所说，信就是人们相持交接之关键。许慎在《说文解字》中写道："信，诚也。从人，从言，会意。"信，即是人与人交往的基本范畴，只要是有人交往的地方，都需要信来规范，正如曾子每天"三省吾身"，他反省的第二方面就是"与朋友交而不信乎"，也就是需要我们做到"与朋友交，言而有信"，这样才能促成和睦他人的效应。

　　信也是为政的基础、立国的根本。在从政者与民众之间，当政者必须取信于民，政府一旦失去了民众的信任，就寸步难行。在《论语·子张》中提到"子夏曰：'君子信而后劳其民，未信则以为厉己也；信而后谏，未信则以为谤己也。'"更为著者，如孔子与子贡的对话："子贡问政。子曰：'足食，足兵，民信之矣。'子贡曰：'必不得已而去，于斯三者何先?'曰：'去兵。'子贡曰：'必不得已而去。于斯二者何先?'曰：'去食。自古皆有死，民无信不立。'"这都是强调了诚信的重要性。拥抱诚信，不仅仅是中华优秀传统文化的重要组成和理论诉求，更是现代社会发展和谐的坚实基础，是儒学当代转化中不可或缺的重要价值。"大车无輗，小车无軏"皆不可行，人无信而不立。

子曰："人而不仁，如礼何？人而不仁，如乐何？"〔1〕

——《论语·八佾》

注释

〔1〕礼乐与仁的关系：仁德是礼乐的精神表达。

译文

孔子说："作为一个人，却不仁不真诚，拿礼仪制度怎么办？作为一个人，却不仁不真诚，拿音乐怎么办？"

解析

孔子谈礼，一定要从礼之本来谈，礼之本就是仁，仁和礼一体两面。外在形式的礼乐属于人之内心情感真诚且自然的道德表达，因此，每个人都要以内在真实的内心作为做人做事的依凭和支撑。若一个人仁心都放失了，那么所谓的礼乐也就是作伪；但若无礼乐之表达。仁心则蕴蓄在内，无法落实畅通。孔子言礼必兼乐，礼主敬，乐主和。礼不兼乐，则有拘束之感；乐不兼礼，则过于流放。二者兼容，才能达到人心之自然发用恰到好处。

《礼记·礼器》曰："甘受和，白受采，忠信之人可以学礼。苟无忠信之人，则礼不虚道；是以得其人之为贵也。"又《中庸》曰："礼仪三百，威仪三千，待其人然后行。故曰：苟不至德，至道不凝焉。"又《仲尼燕居》曰："制度在礼，文为在礼，行之其在人乎。"礼必随时而变，有所损益，但仁却亘贯古今，所以礼乐行之的关键还是在人。仁与礼乐，一内一外，互相兼顾，内外兼修，方可成为真君子。要培养高尚的人，培养有道德的人，培养为人民服务的人，培养对社会做贡献的人，培养真正的人、大写的人、顶天立地的人。一个有所作为，一个重视修身、齐家的人，一定要从修炼自己的内在道德品质做起。

子曰："里仁〔1〕为美，择不处仁，焉得知？"

——《论语·里仁》

注释

〔1〕里仁：居住的地方有品行高尚的人。

译文

孔子说："住的地方，要与有真诚的仁德的人为邻才好。选择居所，那儿却没有仁德的人，怎么能算聪明呢？"

解析

西周邑里的建制是为五户为一邻，五邻为一里。在朱子的解释中，里为名词，里有仁厚之风俗方称之为美，所以在选择居住地时，要选择风俗具有仁爱厚道的地方，这样才能有助于推进以诚待人、讲信修睦的良好社会氛围。孔子曾言："危邦不居，乱邦不入"，也是讲对待安身之地要慎重的选择。荀子也很重视对居住之地的选择，他在《劝学篇》中说："君子居必择乡，游必就士，所以防邪僻而近中正也。"荀子所言的"防邪僻而近中正"可以说是选择居住之地的深层次原因。仁是天之尊爵，人之安宅也，反之，如果一个人居处之地民俗不堪，则会让人失去判断是非之良知之心，不算得上是聪明啊。

以德为邻，依仁而居，择善而处。虽然德性修养是自己的事情，但是如果邻里关系团结、和谐，居住地的人们讲求仁、义、礼、智、信，彼此之间互敬、互爱、互助，具有健康向上向善的文

化氛围，那么乡风、民风则会形成崇尚美德、滋养美德的风气。自
己的德性也会在这种充满友爱的环境中慢慢得到滋润，心量和智慧
也会不断地得到提升。

子曰："不仁者，不可以久处约[1]，不可以长处乐。仁者安仁，知者利仁。"

——《论语·八佾》

注释

〔1〕约：困苦之地。

译文

孔子说："不仁的人做不到长久地居于穷困中，也做不到长久地居于安乐中。仁者心安理得于实行仁德；聪明人利用仁来获取长远利益。"

解析

不忘本心，方得始终，《论语·八佾》向我们重申了"仁"这一做人要义在我们本心中的至高地位。一位有仁心之人，是不会放任自我，以满足自己的私欲作为人生追求的；相反，作为一个"不仁者"，更不可能会实现恬然自在的快意人生，因为这种生活方式经不起时间的考验。正如"不可以久处约"的"约"字之意，"约"即穷困，没有仁心的人是不能使自己安贫乐道的，他可能会经受不住长久的穷困潦倒，鬼迷心窍，从一些投机倒把的肆意行径中获取自己的生存利益，这也注定不会长久。

"仁者安仁，知者利仁"，夫子进一步借用对比，将仁礼对举，从正面来讲述仁的作用。真正的仁者，是不会因为世易时移，就忘乎仁之本心，他能始终如一，固守仁心。正如孟子所言："仁，人之安宅也。"如果一个人把"仁"作为自己安身立命的心灵家园，还有什么可畏惧的呢？而智者可能就不如仁者这般，纯粹地怀有仁心，但他能敏锐地知晓仁德带给他的好处，所以，出于一种利己之心，智者也愿意利用仁德获得好处。从夫子将仁知并举来看："安仁"与"利仁"，后者的境界当然不如前者高。愿我们都能成为一个有仁的知者，从而遵从我们的内心本善纯良，以诚待人。

子曰："士志于道，而耻恶〔1〕衣恶食者，未足与议也。"

——《论语·里仁》

注释

〔1〕恶：形容词，破旧的，劣等的。

译文

孔子说："士人有志于真理，但又以吃粗粮穿破衣为耻辱，这种人不诚于自己的内心（想必也不会对他人真诚），也就不值得同他商议。"

解析

一个"志于道"的人，是甘愿为真理奋斗终生的，而且绝对是知行合一。他必定是不会把主要的心思花在提升自己生活品质上的，他会以真理作为唯一诉求，并且能够一以贯之，以此来严格要求自身的方方面面的。在《论语·学而》中，子曰："君子食无求饱，居无求安，敏于事而慎于言，就有道而正焉，可谓好学也已。"很显然，"志于道"的人，哪怕是在求学的过程中，也要时刻保持"就有道而正焉"，而不去考虑吃得怎样、住的怎么样。"志于道"的人是能够像颜回一样，"一箪食，一瓢饮，在陋巷。人不堪其忧，回也不改其乐"可以达到安贫乐道的境界。"志于道"的人，也应该像孟子说的那样，追寻的是"天爵"和"大体"，而非"人爵"和"小体"。

毕竟一个人的精力是有限的，如果他对生活追求的多一点，那

以诚待人 讲信修睦

么他对真理的追求相对就会少一点；反之亦然。当一个人醉心于华丽的装扮和甜美的饮食，自然也不会有多大的心思去探询真理的奥秘。企图和这样的人去探讨真理，这本身就是一种"失言"的行为，正如孔子所说，"不可与言而与之言，失言"。因此，"志于道"的人和这样的人又有什么好商量的呢？也就是"道不同，不相为谋"。

子曰："君子之于天下也，无适〔1〕也，无莫也，义之与比〔2〕。"

——《论语·里仁》

注释

〔1〕适、莫：专主依从、做事不固执。比喻两种极端状态。

〔2〕比：密也，和也。符合义。

译文

孔子说："君子对于天下的事，没有规定一定要怎样做，也没有规定一定不要怎样做，而只考虑怎样做才合适恰当，就行了。"

解析

在朱熹的《四书集注》中，"适，专主也"，"莫，不肯也"，"比，从也"。通过朱子的注释，我们可以清楚地知道：在行走天下时，像那种追求德性的君子，他们是不会让自己成为那种任情使性有所偏废的人。他们会根据内在的德性和道义，来修身养性，来约束和规范各种待人接物的行为。

作为德性的道义始终支配着君子的心灵，他们就像康德在《实践理性批判》中说的那样，"有两种东西，我对它们的思考越是深沉和持久，它们在我心灵中唤起的惊奇和敬畏就会日新月异，不断增长，这就是我头上的星空和心中的道德法则"。康德"心中的道德法则"正是我们的君子之"义"。二者同样都是内在于心性的，也同样是对德性生活的追求。

这种德性之"义"，抑或这种心灵的道德法则，是具有普遍性意义的。它适合所有渴望幸福生活的人，也必将带给人们幸福。如果听从德性的呼唤，因循人类的道德法则，那么人类社会将会更加美好而文明，人与人之间也会相处的会更加融洽和谐。相反，如果我们仅仅是根据个人的偏好或厌弃对待这个世界，那么我们将会生活在相对主义的混乱不堪中，人与人之间将会充满了敌意。因此，推动构建人类命运共同体，我们必须拥有那种普遍适用的道德情怀——在内心中不断增长的那种康德式的道德法则，亦即人之为人的德性之"义"。这也是中西方文化互动交流的重要切入口。

子曰："君子怀德，小人怀土〔1〕；君子怀刑〔2〕，小人怀惠。"

——《论语·里仁》

注释

〔1〕土：利益。

〔2〕刑：刑法。

译文

孔子说："君子一心惦记着道德，小人一心惦记着土地；君子一心惦记着法度，小人一心惦记着恩惠。"

解析

义利之辩是夫子常言，在《论语·里仁》中，夫子进一步细化义利，将君子与小人并举，实则体现了夫子自上而下的治国理念。相较于广为流传的"君子喻于义，小人喻于利"，"小人怀惠"中的"惠"，在表达上则跟"小人喻于利"中的"利"略有差异，此处的"惠"要与对句中"小人怀土"的"土"结合去理解，可见，夫子在此处的"惠"更接近于实际利益，这与我们平日所理解的"恩惠"等延伸义有所不同。怀德为固善，怀土为安居；怀刑乃畏法，怀惠则贪利。君子与小人的人格力量，在夫子言简意赅之行文之中，高下立判。

另外，"怀土"作为一种封建宗法制度的授田仪式，主要通过授予一包土的仪式，将一块地（一百亩）封属给你，你可以在此封地上耕种、养家糊口，所以小人会尤其"怀土"，重视这些生活便利。"怀刑"中的"刑"，在当时主要是指用来治理庶民的管理法案，正所谓，"有刑不上大夫，礼不下庶人"之说。所以，此处的"君子怀刑"，主要是指君子在社会治理方面，怀有法度规范的总体意识。正如岳飞所言："运用之妙，存乎一心。"君子用法，德为上。从夫子对君子用法这一处的强调，可见夫子的治国理政理念是自上而下的：上层人德高望重，小人为虎作伥的不良风气自然也会随之改善，只有如此，百姓安居乐业、诚信友善的和谐社会，才指日可待。

子曰："放〔1〕于利而行，多怨。"

——《论语·里仁》

注释

〔1〕放：依据。

译文

孔子说："依据利益而行事，会招致很多怨恨。"

解析

在《四书集注》中"放，依也"，"放"是"根据""依凭"的意思。很显然，"放于利而行"，就是将"利益"作为自身行为的根据，依据"利益"原则来指导自己的社会活动。然而，凡事根据"利益"来抉择，为什么就会导致"多怨"呢？程子说："欲利于己，必害于人，故多怨。"也就是说，以"利益"作为自身最大的驱动原则，于一事一物之上每每计较毫厘之得失，那么势必会使自己陷入与他人追逐利益的角斗中。在利益的争夺中，得意之人的喜悦必定建立在失意之人的痛苦之上。这种心理的落差，会让失意之人心生怨愤。

因此，孔子说："放于利而行，多怨。"如果不可"放于利而行"，那么我们该当如何？孔子早已给我们指明了道路，他说："求仁而得仁，又何怨？"如果行事之前首先考虑是否合乎仁义道德，那么就不会过多的计较利害得失了，人们的内心也就没有什么可怨恨的了。当人们不戚戚于一己之私利，心怀仁德，真诚友善，诚信互

以诚待人 讲信修睦

助，那么在人与人之间，我们就能看到一幅其乐融融、盛世吉祥的
画卷。

子曰："参乎！吾道一以贯之。"曾子曰："唯〔1〕。"子出。门人问曰："何谓也？"曾子曰："夫子之道，忠恕而已矣！"

——《论语·里仁》

注释

〔1〕唯：语气词，遵从义。

译文

孔子说："参哪！我的学说有个观念贯穿它。"曾子说："是。"孔子走出去以后，学生们便问道："什么意思？"曾子说："他老人家的学说嘛，不过'忠'和'恕'罢了。"

解析

夫子之道，唯忠恕而已！在《论语·里仁》一章中，曾子给出了他对夫子一贯之道的核心概括，正所谓，"散则万千，聚则为一"。曾子面对夫子之问，以"唯"字脱口而出，正如朱子所注："唯，上声。唯者，应之速而无疑者也。"曾子对老师平日之教导，若非深以为然，又如何能够这么默契地快速对答呢？"尽己之谓忠，推己之谓恕"，可见忠即是严以律己，恕即是宽以待人。"忠"更倾向于下对上，关羽身在曹营心在汉，不对曹操的软硬兼施流露出一丝一毫的动容，这便是对"忠"字作出的最佳人格注脚。"恕"则更多强调的是上对下，正所谓人同此心，心同此理，及人之老，幼人之幼，循循善诱，因人之志，成人之事，这正是宽纳体谅的坤道精神之精髓。

以诚待人　讲信修睦

当然，除了曾子给出的"忠恕"之道这一个解答，我们每个人对夫子的一贯之道也可以做出别的理解。比如在《朱子语类》中，朱子就给出了不同于曾子的回答："一以贯之，犹言以一心应万事。"可见，在朱子这里，他是以"心"为"一"来回答夫子的道，这与阳明心学"事上磨炼"的思想有所共通；另外，在颜渊问仁章中，颜子曾喟然叹曰："夫子博我以文，约我以礼"，可见，夫子之道还可以把"礼"作为一以贯之的道来解读。夫子之道具体为何，需要华夏子孙世代做出知行之思，以此来诚心立本，在自我的身心和谐之中寻找一份真诚。

子曰："古者言之不出，耻躬〔1〕之不逮〔2〕也。"

—— 《论语·里仁》

注释

〔1〕躬：亲自。

〔2〕逮：实行。

译文

孔子说："古时候的人言语不轻易说出口，就是怕因自己来不及实行而羞耻。"

解析

在这里，"躬，即身也；逮，及也"。孔子所谓"言之不出"，非不出，而是言语承诺不轻出，不妄出，唯恐行之不及。《论语·述而》提到"文，莫吾犹人也。躬行君子，则吾未之有得。"可见"躬行"是作为君子很高的标准。

慎于承诺，真诚地做到言行一致，是孔子的一贯态度，在《论语》随处可见。如：子曰："君子食无求饱，居无求安，敏于事而慎于言，就有道而正焉，可谓好学也已。"子曰："君子欲讷于言而敏于行。"子曰："先行其言而后从之。"司马牛问仁。子曰："仁者，其言也讱"。曰："其言也讱，斯谓之仁已乎？"子曰："为之难，言之得无讱乎？"等等。这些都在强调我们做人做事要：少说多做，先做后说，以及慢说快做，都是孔子行动哲学的要义，这也是孔子要求弟子言行一致重要性的不同表达。由此可知，孔子对言行一致的强调已经提高到了仁德的高度，从强调诚信的重要性的角度来看是具有积极意义的。当今社会更是分工精细、强调合作的社会，孔子说："己欲立而立人，己欲达而达人"，爱人、立人、达人都需要与人相处交接，那么这其中必不可少的就是合作，这个过程需要真诚良善的内心、精细的定约、严格的履约。所以在当今社会讲求言行一致，对于弘扬诚信合作、和睦待人的社会精神具有重要意义。

子曰："以约〔1〕失之者鲜矣。"

—— 《论语·里仁》

注释

〔1〕约：指约束、节制。

译文

孔子说："因为节俭、约束自己而犯错的很少。"

解析

孔子对人之修身养性看得很透彻。在春秋那样一个礼崩乐坏、物欲横流的时代，他能够发明人的"约"的修养，既是用思想对时代的拨乱反正，也是对人性、人心的呼唤，而这便是一种诚于自己的美德。这种诚是认识自身、发明人性内在的美，从而约束自己的外在欲望。同时，他是希望在上位的人，自己的弟子以及其他阶层的人都能够约束、节制自己，无论是在物质欲望还是其他欲望上都应该如此。这样做能够让人少犯错误，而对于国家管理者而言，这些错误往往是引起社会动荡的根源，在最大限度上根除这种问题，社会和国家才会变得更和谐与美好。诸葛亮曾于《诫子书》中提到"夫君子之行，静以修身，俭以养德，非淡泊无以明志，非宁静无以致远"。诚哉斯言也，君子的修身养性需要"俭"德，通过对自身过多物质欲望的约束，涤除玄鉴而后志向愈明，内心也更加宁静，这种内心深处的真正安宁会引导我们探索自己，探索世界，让我们看见更广阔的天地。

以诚待人　讲信修睦

　　此外,《孟子·离娄下》提到"博学而详说之,将以反说约也",对于学习而言也是需要"约"的。如果只是广博地学习,纯粹地积累知识而不做归纳和思考,不形成真实可行的方法和理论而加以实践,是无法成就自己并做出实际贡献的。而这实际上便是对自己内心的不诚。所以,孟子认为学习演练之后的最终归宿还是"反说约"即驭繁就简,使道大彰。这样才可能不会落入《庄子·养生主》中所云"以有涯随无涯"的境况之中,才能更好地成就真实的自己,成就他人而少犯不必要的错误。

子曰："善人，吾不得而见之矣；得见有恒〔1〕者，斯可矣。亡而为有，虚而为盈，约〔2〕而为泰，难乎有恒矣。"

——《论语·述而》

注释

〔1〕恒：指一定的操守与德行。

〔2〕约：此处指穷困。

译文

孔子说："善人，我不能见到了，能见到坚持住操守的人，就行了。本来没有，却装作有；本来空虚，却装作充足；本来穷困，却要豪华，这样的人便难于坚持一定操守了。"

解析

首先，孔子的这句话在某种程度上体现出了当时人的一种道德品格普遍下滑的状态。因为"善人"看不见了，只能看见"有恒者"。但即使是"有恒者"也可能不多，更多看见的是"亡而为有，虚而为盈，约而为泰"的无恒之人。孔子描述出这样一种春秋时期的社会现状，想要表达的意思可能不单单是告诉后人这样一个史实，或者表达不满从而规劝人心那么简单。其中应包括了一种"诚己"的呼唤，即是站在人性的角度对人心中善与美的呼唤。一个人应该诚实地接受自己的不足，进而不断地完善自己，尽量成为一个"有恒者"，而不是文过饰非，装腔作势，以次充好。这种错误的做法不仅会让人失去自己的操守，也会离内心的真诚越来越远，再难以做一个大写的人。

就如《孟子·公孙丑下》所载："古之君子，其过也，如日月之食，民皆见之；及其更也，民皆仰之。今之君子，岂徒顺之，又从为之辞。"孟子认为，他们那个时代以前的君子能够很坦诚地面对自己的过错，不会在人民的面前遮遮掩掩，更不会因为害怕丢面子而不敢承认错误。但"今之君子"却相反，不仅振振有词，而且对自己的过错大加修饰。两相对比，高下立见。这也能在一定程度上反映孔子"得见有恒者，斯可矣"的观点和其中的感慨了。所以此句既是孔子对当时社会现状的一个描述，也是一种深层次的对道德真诚的呼唤。

子曰："主忠信，毋友不如己者，过则勿惮〔1〕改。"

——《论语·子罕》

注释

〔1〕惮：惧惮，害怕。

译文

孔子说："要时时恪守忠诚信实，不要跟不如自己的人交朋友，有了过错，就不要怕改正。"

解析

此段一开始，孔子就表明了主旨，那便是人要以"忠信"二字为主。作为孔子四教"文、行、忠、信"中的内容，可见"忠信"的重要性和在孔子教育内容中的核心地位。"忠"在《说文解字》中载道："忠，敬也。从心，中声。"这说明"忠"在于敬，敬不仅在于敬自己，也在于敬他人，敬万物，做到了这些，便可以说是"忠"且敬了。朱熹在《论语集注》中注解"忠"道："尽己之谓忠，推己之谓恕。"这表明"忠"还在于"尽己"，即做到自己所能做到的最好。关于"信"，在《说文解字·言部》载道："信，诚也。从人，从言，会意。"也就是说，"信"的意思就是诚，这种诚是一种恰当地遵守诺言的意思。而诚的向度是多方的。诚是诚于自己，不欺骗自己，达到人之所以为人的内心的纯洁与诚意；诚是诚于他人，在人际交往中不恶意欺骗别人来达到满足自己私欲的目的；诚是诚于万物，人是天地万物中的一员，应该尊重天地万物，心存敬畏，不能肆意妄为。

而"毋友不如己者",是在修养德行的时候尽量不和会消极影响到自己的人走得过近。这句话可能并没有贬低、中伤之意,只是进行说理,告诉人们应"就有道而正焉"。同样,金无足赤,人无完人。人生一世,绝大多数人难免会有犯错误的时候,但是犯了错误就不要怕面对错误,承担责任。正如孔子提出"过则勿惮改",不要害怕,应当真诚地去改正自己的错误。只有用自己那颗"忠敬"之心完善自己,把事情做到最好,立那颗诚信之心不欺自己,不骗他人以及万物,人才能成为一个有德、有容的贤明君子,社会也会和睦、和顺、和谐。

子曰："论笃〔1〕是与〔2〕，君子者乎？色庄者乎？"

——《论语·先进》

注释

〔1〕笃：指敦厚，专一。

〔2〕与：指赞许。

译文

孔子说："总是推许言论笃实的人，是君子一类的人呢？还是仅仅表情上庄重的人呢？"

解析

孔子这句话从字面上来理解，表达的应该是对言论的看法。也就是说那些言论总是十分笃实的人，他们究竟是君子？还是表情上严肃的"色庄者"？孔子在这里并没有十分明确地指出。但从中可以知道想要了解他人言论是否真实、笃敬的困难和不容易。而据《论语集释》中的记载，这段的理解大致可以分为三种。第一种认为"论笃者""君子者""色庄者"是三种类型的人。分别代表了出口皆合于道理，无需选择之人；不行邪僻之事的人；不怒而威，可以使小人远离自己的人。而这些人皆是可以成为善人的人。第二种认为这句话表达的是不能以言貌取人。不应以一个人的言论笃实就完全相信他，因为这无法从实际上判断他是君子还是装作君子的人。第三种认为这句话是在肯定"君子者"，否定"色庄者"。因为"色庄者"是不实践的人，不像君子可以躬行不专务求外事外物。

于是，可以相与的人便是"君子者"。可见这段话想要表达的具体意义是难以捉摸的，但是却给了我们更广阔的诠释空间，可以获得更多的收获、理解和感悟。总的而言，这三句话更多的是想要表达什么才是真的善人？人的言论是复杂的，如何才能更好地辨别真伪？人要如何修身诚心？而这些问题解答的重心应该落到"诚"与"笃"上。如果一个人能够发于内心地诚于己，并笃行，那么他便可以做一个真实的"论笃者"。这样他不仅是诚于己的，更是由内而外诚于人、诚于万物的。

司马牛〔1〕问仁。子曰："仁者，其言也讱〔2〕。"曰："其言也讱，斯谓之仁已乎？"子曰："为之难，言之得无讱乎？"

——《论语·颜渊》

注释

〔1〕司马牛：即司马耕，亦名犁，字子牛。孔子七十二弟子之一，春秋时宋国之人，是司马桓魋之弟。

〔2〕讱：指言语迟钝。

译文

司马牛问仁德。孔子说："仁人，他的言语迟钝。"司马牛说："言语迟钝，这就叫做仁了吗？"孔子说："实行不易，说话能不迟钝吗？"

解析

孔子的教育方法之一是因材施教，他对不同的学生，会根据他们的不同秉性，以及贤与不肖进行教导。这段对话便是因材施教的一个案例体现，因为向孔子问"仁"的弟子除了司马牛外，还有樊迟、颜渊、仲弓、子张等人。而针对不同的人，孔子的回答皆不相同，他是根据这几个人的不同特质进行的回答，以求达到最好的教育效果。孔子认为，一个人做人、做事最好的状态是既不能不及，也不能过头，过头了和不及的意义是一样的。所以对于用力不及，或者比较软弱的学生，孔子便会多提点、鼓励他们。而对于那些过头了，太用力的学生，孔子便会压他们一下。这样做的目的是为了让他们都能够提升自己的修养。落在本段对话上，这是孔子对弟子司马牛的回答与教导。

　　司马牛是一个说话多而急躁的人，所以孔子根据他的这种性格教导他要"言讱"，即说话宁可迟钝，少说一些，多做一些实事。一开始司马牛还不太相信，认为说话迟钝难道就可以叫做仁德了吗？孔子又继续引导说，实行、行动是不容易的，说话能不迟钝吗？言外之意是说，一个人不能老是说一些虚无的空话而不去实行。这样的话既无意义，又会影响自己进德修业，完全是弊大于利的。这也反映出了孔子的行动思想，重视实际行动，正如《论语·里仁》中所载："子曰：'古者言之不出，耻躬之不逮也。'"这种关于人的修养，是一种对自己内心的诚敬，不欺骗自己，是正确处理自身与内心关系的方法。

司马牛问君子。子曰："君子不忧不惧。"曰："不忧不惧，斯〔1〕谓之君子已乎？"子曰："内省〔2〕不疚，夫何忧何惧？"

——《论语·颜渊》

┃注释┃

〔1〕斯：连词。于是，就。

〔2〕内省：指一种修身的方法。向内心深处反省自己。

┃译文┃

司马牛问怎样才能做个君子。孔子说："君子不忧愁，不恐惧（遵从自己内心真诚的想法）。"司马牛说："不忧愁，不恐惧，这样就可以叫做君子了吗？"孔子说："问心无愧，那有什么可以忧愁和恐惧的呢？"

┃解析┃

这段对话可以说上接司马牛问"仁"段。司马牛不仅向老师请教了什么是"仁"，还向老师请教了什么是"君子"。关于"仁"，孔子回答司马牛的是，仁者是说话迟钝的人。而关于"君子"，孔子回答的是，君子是那些不忧愁也不恐惧的人。这里"君子"应该是指有德之人，而非有位之人。司马牛向老师请教的是要如何成为一个有德行、修养的翩翩君子。孔子认为，如果司马牛能做到"不忧不惧"那也就可以算得上是君子了。诚然，孔子的回答一方面是根据司马牛的实际情况和个人性格特点所做出的。另一方面，这同时也反映出来了君子的一个重要特性，值得后人思考与学习。

　　为什么"不忧不惧"就可以算得上是君子了呢？因为，这种不忧愁、不恐惧来自"内省不疚"。他不是来自一种自大自满、不是来自无知而无惧、不是来自消极的自弃。而是来自一种反躬自省，以及改过迁善。也就是说这是在一种心灵的纯洁、真诚的基础上所生发的安定、宁静。是一个人没有做出格的事，既没有对不起自己的内心、自我的灵明，也没有对不起他人和万物时的状态。这正是《孟子·尽心上》中所载孟子之言："仰不愧于天，俯不怍于人。"君子三乐中的一大乐。这些"不疚""不愧""不怍"需要的是一种内心的省察克制，反省与检查自己日常生活中的言行，存善而除恶，达到真诚无私的状态，那样才能成为"不忧不惧"的诚意君子。

子张〔1〕问崇德辨惑。子曰："主忠信，徙〔2〕义，崇德也。爱之欲其生，恶之欲其死。既欲其生，又欲其死，是惑也。'诚不以富，亦祇以异〔3〕。'"

——《论语·颜渊》

注释

〔1〕子张：即颛孙师，字子张。孔子弟子，孔门十二哲之一，乃春秋时陈国之人。

〔2〕徙：指改变，变化。指看见"义"便改变自己去跟从之。

〔3〕诚不以富，亦祇以异：出自《诗经·小雅·我行其野》。

译文

子张问如何推崇道德，明辨惑乱。孔子说："依靠忠诚信实，唯义是从，这就是推崇道德。喜爱他，就希望他活着；讨厌他，恨不得他死掉。既要他活，又要他死，这便是惑乱。正所谓'不但捞不着，只让人奇怪。'"

解析

子张在这里问了两个在修身与养德中的重要问题，即如何"崇德"与"辨惑"。这两个问题实则也是儒家十分重视，用以教导和启发人的两个方面。于是孔子分别对子张的这两个问题进行了回答。对于"崇德"，孔子以"主忠信，徙义"进行解释。"主忠信"已经在上文中解释过，意义在于让人们对自己负责，把事尽量做好，诚信于自己，也诚信于他人与万物。"徙义"的意义在于以义是从，尽己所能向义靠拢，走在义的大路上。

正如孟子在《孟子·离娄上》中提出"义，人之正路也"的看法，义并不是一种勉强实行的任务，而是人生应该行走的正道与大道。这应该是一种内化于心的修养与道德要求，是一种由内而外、自然而然的行为。所以如果能做到这些，也就是推崇道德了。关于"辨惑"，孔子并没有直接交代要如何明辨迷惑，而是举了一个惑乱的例子。为什么有的人喜欢一个人就望他好，讨厌一个人就望他不好的行为是惑乱的呢？关键在于，这样的人不能达到内心的安和、澄澈，不能客观地看待人和事物，于是乎自己的心情、态度就随着个人的爱憎与好恶迁变，从而没有一定的操守，所以导致了惑乱。人不应该只单纯地凭借自己的好恶来决定对他人的看法，并由此而用错误的行为对待他人。这样不仅会惑乱，还会让其他人奇怪，甚至带来很不好的结果。孔子虽未直接挑明如何辨别惑乱，但实际上已经告诉了我们某些不惑的方法，即是要诚于内心，和顺而平易，不因外物而乱心，以诚待人，讲信修睦，不随意评判他人、投以好恶。

子曰："博学于文，约之以礼，亦可以弗畔〔1〕矣夫〔2〕！"

——《论语·颜渊》

注释

〔1〕畔：通"叛"，指离经叛道。

〔2〕矣夫：句末语气词，表示感叹，相当于"了吧"。

译文

孔子说："君子广泛地学习文献，并用礼法来约束这一过程，也就能够不离经叛道了吧！"

解析

从一般认识上讲，广博地学习各种文献知识是值得肯定的，可是孔子为什么还要加上一条"约之以礼"？原因便在于提醒学习的人不离经叛道，走错方向。文献知识是浩瀚的，人们可以广泛地学习、不停地学习，但即使是这样也只是学了所有知识的很小一部分。同时，在人生学习的过程中，有些文献可能并不会给人带来智慧和修养的提升，反而会使人误入歧途。所以，孔子提出在广博地学习的同时，要用礼来约束自己。这种"约"是指人的视听言动都要有所约束，不能够超过一定的界限而为所欲为。而作为约束工具的礼，在某种程度上是一些相对具体的道德要求和道德责任，需要在具体的行动中进行落实。如《论语·颜渊》中孔子提到"非礼勿视，非礼勿听，非礼勿言，非礼勿动。"这是指人要由礼来约束自己的言行举止，否则很容易犯错，冒犯、伤害到他人，也伤害到自己。

　　总而言之，这种"约礼"的目的是"弗畔"，"弗畔"就是要靠近仁道，需要与天道、性命相贯通的人之本性纯良相互联系，是为了让那些广博学习的人成为真的君子，而不是一个虽然学问广博却没有德行、修养的小人。当一个人的学问广博，而且为人与做事又处处得宜的时候，便是一个不离经叛道的高尚君子了。此外，这种"博学"而"约礼"以至于"弗畔"是一种非常重要的学习范式。这既是一种合理的、可行的进德修业的方法与途径，也是一种在内心诚意基础上的不欺骗自己，向古圣先贤靠拢学习的内在要求。

子曰："有德〔1〕者必有言，有言者不必有德。仁者必有勇，勇者不必有仁。"

——《论语·宪问》

注释

〔1〕德：道德，品德，引申指有德行的贤明之人。

译文

孔子说："有纯真品德者定有至理名言，但有名言者却不一定有纯真品德。仁人定有大勇，但有大勇者却不一定仁。"

解析

有德行的人胸中积存的是和顺，纯善之气，由此发出来的是美好得宜的言行。这是因为"德"根植于他们的心中，自然而然就会如此地显现出来，不会有任何的矫揉造作。相反，如果只会东施效颦，把好听的言语，从别人那里听来或是书本上学来的语句简单地挂在嘴边以充门面，这样的人一定是没有什么德行的人。因为他们的"言"多是外求，而非己有，甚至连某些话语的真实意义都不能理解，只是为了借别人的名言以自重。同样，有仁心的人也是心中无碍，没有私心的牵绊，于是诚心无私而有大爱，大勇，见义必为。"仁者"的勇是一种知天乐命，安时处顺，在困难与灾难面前不害怕，不抱怨；在顺境面前不骄傲，不自满地勇。因为他们居住在天下最广阔的住所"仁"之中，内心是纯一、诚一的，不会因为外界而改变自己的操守。

以诚待人 讲信修睦

155

孔子曾批评子路"暴虎冯河",也就在批评子路的勇并未全然符合仁道。常人的"勇"多可能来自血气的强盛,甚至可能是一种好勇斗狠的状态,是为了战胜他人,超越他人以获得名利。这种"勇"不仅有所外借,需要十足的勇力,而且依靠的是名利等私欲,而这种基础是很容易崩塌的。所以,孔子说这番话既告诉了我们与人相处时"德"与"仁"是发自内心,根植于内心的,是"言"与"勇"最根本、最深厚的基础。正如《论语·学而》中有子所言"君子务本,本立而道生"。君子所务求的最重要的方面应是打好基础,只有这种基础巩固与强大了,恰当合宜的"道"才会产生。同时,也向我们提出了要求,以及可以追寻的道路。

子曰："君子耻〔1〕其言而〔2〕过其行。"

——《论语·宪问》

注释

〔1〕耻：意动用法，以为……可耻。

〔2〕而：连词，连接两个谓词性结构。

译文

孔子说："君子以为可耻的是，说的内容超过做的内容（言不符实）。"

解析

在这里，孔子重视的是人的实际行动，一个人可以做了事儿以后轻描淡写地叙述。可是作为一个有德之人，却不能对自己的行为大加描写，言过其实，更不能只言语，不行动，孔子认为这是十分可耻的行为。言过其行的可耻之处在于，首先，这是对他人的不尊重，也是对自己的不诚实、不尊重。其次，这可能是追求私利的表现，希望通过对自己行动的粉饰，达到名利双收的目的，这种行为很可能会把人变成一个伪诈小人。再次，过分的言语不仅会欺骗他人，久而久之也会欺骗了自己，让自己认为自己真的是一个能够这样行动的人，可实际上却不是。那自己的愚蠢行为在别人那里将会显得十分可笑。最后，这对于进德修业而言是一种绊脚石，如果不能摒弃这种行为，人将难以成为一个言行统一诚纯的君子。

其实，言与行皆是十分重要的。如《周易·系辞上》所载"言

以诚待人 讲信修睦

157

出乎身，加乎民；行发乎迩，见乎远。言行，君主之枢机……言行，君子之所以动天地也，可不慎乎！"可见言与行的重要性。语言是极其重要的传递信息的方式，如果不谨慎，可能会引起误会，招致灾祸。行是对一个人最直观的感受，一个人的所作所为是会被别人看在眼里，思在心中，并进行判断的。可见，言行是人格评价的标准，是心志的体现，真诚的言行可以成就我们的人生，不好的言行同样也会败坏我们的事业，这是要十分注意的。

子张问行。子曰："言忠信，行笃敬，虽蛮貊〔1〕之邦行矣；言不忠信，行不笃敬，虽州里行乎哉？立，则见其参于前也；在舆〔2〕，则见其倚于衡〔3〕也。夫然后行！"子张书诸绅。

—— 《论语·卫灵公》

注释

〔1〕蛮貊：本指南蛮、北狄。后比喻四方未开化的民族。

〔2〕舆：车中装载东西的部分，后泛指车。

〔3〕衡：车辕前端的横木。

译文

子张问怎样才能行得通。孔子说："言语忠诚老实，行为忠厚严肃，即使到蛮貊的国度，也行得通。言语不忠诚老实，行为不忠厚严肃，即使在本乡本土，能行得通吗？站立时，看见'忠诚老实忠厚严肃'几个字在面前晃着；在车里，看见它刻在车辕头上；那样才能到处行得通。"子张把这些话写在衣服大带上。

解析

人从出生到死亡，注定会有着其社会性的一面，人的社会性在文明的诞生之初就已经产生。正因为如此，人怎样能够在社会上与他人达成良好的沟通与互动？随着时代的变迁，这一问题不但没有消逝，反而在瞬息万变的信息时代更凸显出了它的重要性。

孔子对子张所说的"言忠信，行笃敬"就是一条超越时间与空间的准则。在语言上，"忠"就是忠于自己的本心，不对自己的内

159

心做出欺瞒，不要心口不一；而"信"就是信实，与他人交谈应该根据实际情况去许诺他人，不能信口开河。在行为上，"笃"就是要忠诚、专一；"敬"就是保持整齐、严肃。孔子非常重视待人接物的礼节，例如"君子不重则不威""出门如见大宾"等。这不是要我们束缚理性沟通，附和他人以达到"一片和气"的目的。孔子非常反对"乡愿"，也就是无原则的迎合他人。在这里的"言忠信，行笃敬"，都是在建立在保持理性沟通的基础上的。正因为如此，我们不论在何时何地，都能够与他人建立一种平和的双向关系。

王阳明曾提出"知行合一"的命题，也就是对于道德本心的体认与日常行为上应当保持一致，否则就是空谈。孔子对子张也提出了"立，则见其参于前也；在舆，则见其倚于衡也"的要求，即在站立时，要看见"忠诚老实忠厚严肃"几个字在面前晃着；在车里，也要看见它刻在车辕头上。这当然不是一种"死"的规定，而是以此为例，要求我们把"言忠信，行笃敬"内化在我们的精神生命之中。

孔子曰："见善如不及，见不善如探汤〔1〕。吾见其人矣，吾闻其语矣。隐居以求其志，行义以达其道。吾闻其语矣，未见其人也。"

——《论语·季氏》

注释

〔1〕探汤：指试探沸水，有时形容戒惧。

译文

孔子说："看见善良，就如同赶不上趟似的急切追求；遇见邪恶，就好比手要挨到沸水般赶紧避开。我见过这样的人，我听过这样的话。避世隐居以求初衷的保全，依义而行以求主张的贯彻。我听过这样的话，却没见过这样的人。"

解析

学界一般认为"性善论"的提出是从孟子开始的，他是将"善"作为人之为人的根据，作为一种天命所赋予的一种"形而上"的超越本体来认识"善"的。但儒家对于"善"的讨论却很早就开始了，"向善去恶"是儒家诞生之初即已确立的最基础最根本的原则。"向善去恶"的人，无论是说到，还是做到的，孔子都曾见过。这表明在个人的身心修养方面，提高自己的道德修为且言行一致的君子确实出现过，这本身也非常难得。然而在面对社会的各种问题的时候，却不见得都能去主动担当。

在礼崩乐坏的春秋时代，有很多隐士都希望脱离浑浊的社会，淡泊以明志，不愿意同流合污。另外也有依靠行义意图达到社会和谐的人。可惜在行动上，他们纵使有美好的初衷，但是却无法避免时代的侵蚀，或者丧失其初衷，同流合污；或者听之任之，随波逐流。他们珍视的"志"与"道"在时代的洪流面前不堪一击。由于主观和客观的困境，他们无法实现"兼善天下"的美好愿望。

　　尽管能够"独善其身"的道德人有很多，但是能够"兼善天下"的人却迟迟没有出现。孔子对此非常忧心，自己也身体力行。在《论语》中有很多地方都表明孔子认为君子有所不为的同时还要有所为，也就是要达到"独善其身"和"兼善天下"的和谐统一。这一思想，亦成为后代儒者的信条。张载的"为天地立心，为生民立命，为往圣继绝学，为万世开太平"即是后代士大夫精神的集中体现。特别是在当代社会，"不忘初心，牢记使命"是每一个领导干部都应该牢牢把握的一条理想信念。

子张〔1〕问仁于孔子。孔子曰："能行〔2〕五者于天下，为仁矣。"请问之。曰："恭、宽、信、敏、惠。恭则不侮，宽则得众，信则人任焉，敏则有功，惠则足以使人。"

——《论语·阳货》

注释

〔1〕子张：颛孙师（公元前 504 年—?），复姓颛孙、名师，字子张，春秋战国时期陈国人。

〔2〕行：实行，贯彻。

译文

子张向孔子问仁。孔子说："做得到贯彻以下五者于天下，就是仁了。"

子张说："请问是什么?"孔子说："庄重、宽厚、诚实、勤敏、慈惠。庄重就不致遭受侮辱，宽厚就会深得人心，诚实就会得到别人任用，勤敏工作效率就高，贡献就大，慈惠就足以让人为你出力。"

解析

"仁"是孔子哲学思想的中心观念。在《论语》中涉及的有关于弟子直接向孔子问仁的条目就有十一条，且孔子对他们的回答各不相同。这与孔子因材施教的观念有关，同时也证明了"仁"的意涵的丰富。"仁"的最基础最核心的要义就是"爱人"，这一含义贯穿在孔子学说的方方面面。这一章是"仁"的意涵在事功上的体现。

以诚待人 讲信修睦

　　子张的性格比较张扬，《论语》记载"师也过"，就是说子张做事往往会过分，究其原因，可能是子张内心较为急躁。孔子回答子张仁的意涵，是从"恭、宽、信、敏、惠"五个方面来阐述的。这也是给人们在职场上提出了五条理性的建议。"恭"即"恭敬、庄重"。自由散漫，没有条理的人，就容易受到他人的侮辱，另外爱摆架子，喜欢颐指气使的人很难成为一个令人尊敬的人。"宽"即"宽厚"，不因他人的小错误而穷追不舍，咄咄逼人，要给他人一些空间去改正错误，这样才会深得人心。"信"即"诚实"，只有诚实的人才会受到他人的信任以及领导的重视，欺上瞒下的人，不仅会被周边的人所排斥，而且往往会对大局造成难以估量的破坏。"敏"即"勤敏、敏捷"，在工作中勤勤恳恳固然重要，但是也要保证效率的提高，劳而少功也往往是行不通的。"惠"即"慈惠"。在儒家的思想当中，义务性、道德性的因素很多，这里的"惠"并不是一种谋求利己结果的手段，也就是说，在儒家看来，给人恩惠并不是资本市场上的利益交换。儒家在政治上追求德治，在生活中追求以德服人，所以"惠"也是基于公心，基于"爱人"而与他人展开的交流原则。

　　总之，这五个方面实际上都是"仁"的意涵在社会交往特别是职场交往的具体化，在践行这五者的时候，应当牢牢把握住心中的"仁"。

孔子曰："君子有九思：视思明，听思聪，色思温，貌思恭，言思忠，事思敬，疑思问，忿〔1〕思难，见得思义。"

——《论语·季氏》

注释

〔1〕忿：愤怒；怨恨。

译文

孔子说："君子有九处用心思：看要注意看清楚；听要注意听明白；脸色要注意温和；容貌要注意端庄；言语要注意忠实；工作要注意认真；有疑要注意请教；生气要注意后患；有利可图，要注意该不该我得。"

解析

在修养方面，孔子分别从肯定的方面和否定的方面对君子提出了要求。孔子曾说"非礼勿视，非礼勿听，非礼勿言，非礼勿动"，即不合于礼义的行为就不要去做。这一方面有利于维护良好的社会秩序，另一方面也能够使个人的身心修养得到提高与升华。这是孔子从否定的方面对君子提出的要求，即不要违背礼。

这一条中的"君子有九思"是从肯定的、积极的意义上来谈君子的人格修养的。孔子认为，君子在待人接物的时候，要在九处用心思。看，要看得清楚，要能够明察秋毫，夕惕若厉，这样就不会招致大的危险；听，要听得明白，中国人说话经常含蓄婉转，如果不能听懂对方的言外之意，往往就失去了共同交谈的基础；脸色温和，容貌端庄，这是一个人生活态度的直接体现；言语要忠实，不可欺上瞒下，否则信任一旦丢失，人与人的关系只能走向疏远；工作要认真，也就是要有敬业精神，这是人们服务社会，服务他人最为基础的要求；有疑问就要请教，不懂装懂往往会酿成大的灾祸；生气要注意后患，孔子称赞颜回"不迁怒不贰过"，就是说颜回不把愤怒的情绪延及他人，这是一种非常高的道德修养了，同时也说明孔子不是禁绝人们有负面情绪，而是希望能以正常的手段与通道去化解它；有利可图要注意该不该我得，这是贯穿儒家始终的，也是非常重视的一点，它是儒家修养论最核心的一条。将义放在利之上，是一件困难的事情，但是社会的和谐，人际关系的和谐，都是因为人能够秉持住见利思义这一点，否则为了利益尔虞我诈，钩心斗角，距离和谐社会恐怕会越走越远。

"君子九思"的前提是"诚"，也就是"诚于己，诚于人"。只有让自己的内心空灵澄澈，遇到事情不对自己的内心进行欺瞒，保持良知之心，发用在外在的待人接物上才能够真正做到君子的"九思"。

子张曰："士见危致命〔1〕，见得思义，祭思敬，丧思哀，其可已矣。"

——《论语·子张》

注释

〔1〕致命：舍弃生命。

译文

子张说："士人见到危险能够豁出生命，在利益面前考虑是否该得，祭祀时想到要严肃真诚恭敬，居丧时想到要悲痛哀伤，那也就行了。"

解析

士在西周时期是指贵族阶级的最低的一个等级，后来逐步演化为知识分子的一个代名词，同时也代表着为社会责任奔走呼喊的那一部分人。孔子说"志士仁人，无求生以害仁，有杀身以成仁。"这其中所面对的危险，很显然不单单只是指意外的自然灾害，而多是指对良知进行挑战，对人格进行抹杀的一种无形的精神层面的危险，当然由此也往往会祸及人的生命安全，但是儒家认为在这样的情境下，只要能够保全"仁"，求得"义"，纵使献出生命也在所不惜，这是先秦儒家价值追求的突出体现。

见得思义，也就是利益获得合法性的问题，该得的就应当得，不该得的即使无人监督也不去贪图一分。不论是权力、财富、美色或者是名声，这些能满足人们欲望的东西，都可以视为得。先秦儒家认为，获得这些一定要合情合理，个人欲望的满足不应当以牺牲他人利益为代价。"祭思敬，丧思哀"，都是从礼上说的。儒家对礼的看法是，礼不应该只停留在表面，而应该发自内心。不管是祭祀还是居丧，都应该从内心深处守礼，而不仅仅是讲求仪式。林放曾经向孔子请教什么是礼，孔子说："礼，与其奢也，宁俭。丧，与其易也，宁戚。"也就是要求在祭祀与居丧时内心要有真实的庄重与悲戚之情。这也是对自己内心"诚"的体现。这一条虽是出自子张之口，但其实也是与孔子思想是一致的。

所谓修身在正〔1〕其心者：身有所忿懥〔2〕，则不得其正；
有所恐惧，则不得其正；有所好乐，则不得其正；有所忧患，则
不得其正。心不在焉，视而不见，听而不闻，食而不知其味。
此谓修身在正其心。

——《礼记·大学》

注释

〔1〕正：端正。

〔2〕忿懥：亦作"忿疐"。亦作"忿愤"。发怒。

译文

所谓修养自身在于端正自己的内心，是说自身有所愤怒，内心
就不能端正；有所恐惧，内心就不能端正；有所嗜好喜乐，内心就
不能端正；有所忧患，内心就不能端正。心不在所做的事情上，就
会看见也像没有看见，听见也像没有听见，吃东西也不知道滋味。
这就说明修养自身在于端正自己的内心。

解析

《大学》载："自天子以至于庶人，壹是皆以修身为本"。无论
是天子，还是普通百姓，都无一例外地必须以修养自己的品德作为
人生的根本。而修身的核心要义就在于正心，当人出现愤怒、恐
惧、嗜好喜乐、忧患等情绪的时候，内心往往就不能安。《大学》载：
"安而后能虑，虑而后能得"。安是到达至善境界的一环，安的前提
就是内心不因外在事物产生波动，所以，要达到至善的境界必须

以诚待人　讲信修睦

克制掉一系列不好的情绪。陆九渊曾说:"学者须是打叠田地净洁,然后令他奋发植立,若田地不净洁,则奋发植立不得。"也就是一定要在心上克服掉种种不安与物欲。

如果心不安,就无法在当下应对好每一件事情,应对纷繁复杂的日常生活也就会犹如一团乱麻。看见也像没有看见,听见也像没有听见,吃东西也不知道滋味,这就是把心给放失掉了。如此就更谈不上修身了。《大学》把"格物""致知""诚意""正心"作为"内圣"的四个条目,与"修身""齐家""治国""平天下"的四个"外王"条目相衔接。这是"内圣开外王"的理路。作为方法与途径,这八个条目的方向正好是反过来的,比如"心正"的方法和途径在于"意诚",也就是真实面对自己的本心,挺立起道德的真实主体性,推进以诚待人,讲信修睦这一社会图景的实现。

其所令〔1〕反其所好，而民不从。是故君子有诸〔2〕己而后求诸人，无诸己而后非诸人。所藏乎身不恕，而能喻诸人者，未之有也。

——《礼记·大学》

〔1〕令：政令。

〔2〕诸：兼词，相当于"之于""之乎"。

译文

君主的政令与自己的喜好相反，民众就不会遵从。因此君子自己具备的，而后才要求他人做到；自己不沾染的，而后才能禁止他人。自身没有忠恕之心，却教育别人忠恕，从来没有这样的事。

解析

《孟子·梁惠王下》记载了"独乐乐不如众乐乐"的观点，先秦儒家认为君主不应当独自一人享受欢乐，而应当与民同乐。这一条也首先阐明君主的政令不应当将自身的喜好与民众的喜好二分，同时更不应该让自己的欲望无限膨胀却又极尽压制百姓，否则制定出这种政令的统治者通常都是桀纣这样的暴君。所以《大学》强调君主要以身作则，要起到良好的表率作用。这与孔子所讲的"其身正，不令而行；其身不正，虽令不从"是一致的。

将这种法则推扩到君子也同样如此，"君子有诸己而后求诸人"意在表明只有自身具备才能要求他人也做到，这是人与人之间交流

以诚待人 讲信修睦

171

与沟通最基础的原则，当然这都是指的道德修养层面的，而不是技术层面的，因为学术有专攻。儒家重视"己欲立而立人"的"忠"道，这是饱含同情与关怀的原则，同时也非常重视"己所不欲，勿施于人"的"恕"道，这是一种宽容原则和沟通理性。只有内心真正理解"忠恕"之道，并贯彻"忠恕"之道的人，才能教育他人"忠恕"之道，否则就是信口开河，沽名钓誉。

无恻隐[1]之心，非人也；无羞恶之心，非人也，无辞让之心，非人也；无是非之心，非人也。恻隐之心，仁之端也；羞恶之心，义之端也；辞让之心，礼之端也；是非之心，智之端也。人之有是四端也，犹其有四体[2]也。

—— 《孟子·公孙丑上》

注释

〔1〕恻隐：对别人的不幸表示同情。

〔2〕四体：人体两上肢和两下肢的合称。

译文

没有同情之心的不能算是人，没有羞耻之心的不能算是人，没有谦让之心的不能算是人，没有是非之心的不能算是人。同情之心是仁的发端，羞耻之心是义的发端，谦让之心是礼的发端，是非之心是智的发端。人具有这四项发端，就好比具有四肢一样。

解析

四端之心是孟子"性善论"中的重要一环。在孟子看来，人与禽兽相区别的地方就在于人有四端之心。这四端之心不是人后天习得的，而是天内在赋予人的，孟子称其为"良知良能"，这一观念在宋明理学中的心学一脉得到了充分的发挥。

孟子以小孩子快掉进井里为例来说明人具有恻隐之心：当懵懂无知的孩童快掉到井里的时候，没有一个人会无动于衷，人们都会伸出援手将他救起，这不是因为要和孩子的父母相交，也不是要在邻里间博得美名，更不是厌恶孩童的哭声才将其救起，这是人的内在天性使然。羞恶、辞让、是非也同样如此，它们共同构成了仁、义、礼、智的萌芽。孟子说："凡有四端于我者，知皆扩而充之矣，若火之始然，泉之始达。苟能充之，足以保四海；苟不充之，不足以事父母。"这四端就像火刚刚燃起，又像水刚刚涌出，需要我们不断培养与扩充，如果推扩出来就能够安定天下，如果将其放失，就会连赡养父母都成问题。所以四端之心就是人不能舍弃的四肢，人在世间行走，所依凭和倚仗的就是四端之心。

孟子曰："仁之实〔1〕，事亲是也；义之实，从兄是也；智之实，知斯二者弗去〔2〕是也；礼之实，节文〔3〕斯二者是也；乐之实，乐斯二者，乐则生矣；生则恶可已也，恶可已，则不知足之蹈之手之舞之。"

——《孟子·离娄上》

注释

〔1〕实：实质。

〔2〕弗去：不离开。

〔3〕节文：谓制定礼仪，使行之有度。

译文

孟子说："仁的实质就是侍奉父母，义的实质就是顺从兄长，智的实质就是明白这两者而不离开，礼的实质就是调节、修饰这两者，乐的实质是乐于这两者，欢乐就由此而生。欢乐萌生了就无法遏止，无法遏止就情不自禁地手舞足蹈起来。"

解析

仁义礼智作为人性善之性的四端，分别有着不同的作用。在孟子看来，仁的实质在于孝，义的实质在于悌，智的实质就在于牢牢把握孝悌的精神，并付诸实践，礼的实质就是协调好孝与悌的关系。在孟子看来，国家强盛的基础在于每一个家庭的和谐，他说："人人亲其亲，长其长，而天下平。"先秦儒家之所以格外重视家庭伦理也正是这个原因。仁义礼智四端作为性善的基础，将其推扩出来，不仅能够内在地尽性知天，这是其形而上的超越意义；同时也能达到父慈子孝、兄友弟恭的现实效果。

《礼记·乐记》中说："乐者，天地之和也；礼者，天地之序也。"先秦儒家一方面重视用"礼"来规范家庭伦理与社会秩序；另一方面也重视用"乐"来陶冶情操，消解矛盾，增进感情。"乐"原本是一种辅助性的原始宗教仪式，是古人将"颂神娱神"的愿望以舞和乐的形式"送达天听"的手段。后来通过周初周公等人人文化的改造，乐逐步走进大众的生活之中，成为宗庙之中、邻里之间，特别是家族之内沟通情感，增进亲情的重要方式。所以在孟子看来，"乐"的重要意义就在于通过音乐潜移默化地把孝悌的精神传达出来，这样人们便能够沉浸在亲情的温暖与欢乐之中情不自禁地手舞足蹈起来。这是一种良性的循环。

仁、义是孝、悌的实质，而智、礼、乐分别是对孝悌的理解，调节和向往。将这五者统一在心中再实践出来就会欢乐得手舞足蹈，这便是心发赋予身的自然体现。

孟子曰："尽其心者，知其性也。知其性，则知天矣。存其心，养其性，所以事天也。殀寿[1]不贰，修身以俟[2]之，所以立命也。"

——《孟子·尽心上》

注释

〔1〕殀寿：寿命的短长。

〔2〕俟：等待。

译文

孟子说："竭尽了人的本心就知晓了人的真诚本性良知，知晓了人的本性就知晓了上天。保持人的本心，养育人的本性，以此来侍奉上天。短命长寿都不三心二意，修饬自身来等候上天的安排，以此来安身立命。"

解析

在殷周之际的变革中，周人认识到天命靡常，天作为一种超越自然，具有神圣性与主宰性的意义延续到了春秋战国时代。《中庸》开宗明义指出："天命之谓性"，上天赋予人的就是性，那是一种纯善无恶的，先天内在于每个人心中的"良知"。尽心则可以知性，知性则可以知天。这可以说是"上达"的三个环节。孔子说："不怨天，不尤人，下学而上达。知我者其天乎？"（《论语·宪问》）下学是尽心的过程。学而时习，坚持不懈，就可以尽心。性与天都是形而上的，性就每个个体的人而言，天就客观宇宙而言。

存心养性事天，昭示着人们敬德修业的目标。人只有认识到自己的善端并且推扩出来，这时才会有浩然之气就会在心中充盈。浩然之气是性的自然外化，它至大至刚，不是靠做偶然的好事获得的，它需要长久地培养。充分涵养自己的浩然之气也就是培养天命赋予人的超越的性善之性。这是对天道的充分体认与自觉地事天。《易经·系辞上》记载："成性存存，道义之门。"成性即成就本性，存存是保全、育成已存者，也就是存养本性的意思。人有此性并去而存养之，成就之，就可以产生道义精神了。这是道德的功夫，道义的门户。正因为尽心知性知天，存心养性事天，因此性既内在又超越。在存心养性即修身方面就没有了时间与空间的限定，所以人们无论身处何处，无论男女老少，都需要将提高自身的修养去安身立命。这也是先秦儒家重视德治与德育的体现。

第三篇

人伦

人伦关系是天人关系与身心关系的继续，是人之所以为人的一切价值观念、道德修养、处世能力、事业功德的最后落脚点，更是锤炼我们的信仰，挖掘我们的潜质、培养我们的能力、提升我们的情操的不可或缺的重要平台。自我与社会，个体与社群，人性与修道，责任与奉献都在这里切磋琢磨，追求永恒。其根本的要义在一个『恕』字。它不仅仅是自强不息之后的自然激发，更是我们每一个人成就自我的根本皈依。像大海一样汪洋恣肆，波澜不息，无边无际，上善若水，像山脉一样高耸入云，层峦叠嶂，涵容万物，成人成己，滋养万物。

夫大人[1]者，与天地合其德，与日月合其明，与四时合其序，与鬼神合其吉凶。先天而天弗违，后天而奉天时。天且弗违，而况于人乎？况于鬼神乎？

——《周易·乾·文言》

注释

〔1〕大人：指具有崇高道德并且身居其位的人。

译文

《乾》九五爻辞所说的大人，他的道德像天地一样，无私地覆盖、承载万物；他的圣明像日月一样，光明灿烂地普照世间；他推出的措施像春夏秋冬四时一样，井然有序地运行；他预示祸福吉凶像鬼神一样，奥妙莫测而与自然相通。如果他在天时之前行动，由于默然与天道契合，因此天不会违背他。如果他在天时之后行动，则知晓天道并且奉而行之，因此他不会违背天。尊贵的天尚且不违背他，何况人呢？何况鬼神呢？

解析

这段话阐明《乾》九五爻辞。大人，指具有崇高道德并且身居其位的人。大人之德，即圣人之德，是人伦的最高典范。天地无私地生养化育万物而不求回报，圣人具有天地之德，仁爱天下百姓与万物。圣人聪明睿智，能够明断事理，裁夺纷繁杂乱的事务，他的光辉像日月一样普照世间。圣人所推行的政策，符合社会与自然规律，井井有条而有效率。圣人与天地鬼神相通，敬奉天道，因此能够预测时运，恰当地行为处事。可以说，圣人之德，无所不合。

人的德，根源于天道。人必须依循天道，而又回归天道。《中庸》："诚者，天之道也；诚之者，人之道也。"诚，是指真实无妄，是天道的本然。圣人之德，合于天道。圣人已经达到天人合一的境界，而达到天人合一境界的关键在于诚。因此，普通的人要效法圣人，以诚待人，讲信修睦，然后才有可能达到圣人之德，才有可能达到天人合一的境界。在现代社会中，诚也已经成为非常重要的道德标准与行为准则，人人都应该遵守与践行。

现实社会中最完满的境况是德位相符，以圣人之德居圣人之尊位。也就是具有德性的人居于尊位，而居于尊位的人具有德性。这也是儒家的政治追求。在现代的政治体系中，要想确保有德性的人居于尊位，就必须将德性作为选拔人才的重要标准；要想居于尊位的人具有德性，就必须切实开展德育活动，培养他们的德性。圣人之德，内涵丰富，不过"诚"是其中非常重要的部分。因此，培养诚信的现代公民，构建诚信社会，都是急需重视的问题。

"同人〔1〕，先号咷而后笑。"子曰："君子之道，或出或处，或默或语。二人同心，其利断金。同心之言，其臭〔2〕如兰。"

——《周易·系辞上》

注释

〔1〕同人：和同于人。

〔2〕臭：气味。

译文

《同人》九五爻辞说："和同于人，先号咷痛哭，后来喜悦欢笑。"孔子说："君子为人处世的道理，有时外出行事，有时安居静处，有时沉默寡言，有时畅所欲言。两个人心意相同，就好像利刃能够斩断金属。心意相同而说出的语言，其气味就像兰草一样清香。"

解析

这段话解释《同人》九五爻辞之义。同人起先未和同，因此号咷痛哭，但是后来得到同心之人的回应，所以喜悦欢笑。君子之言行，出处语默，倘若不违背中道，虽然行迹相异，但是因为道同，而能够得到回应。同类之间互相回应，根本在于心，不必拘执于一时一事。出处语默，其时机和表现虽然相异，对感应之事心意相同才是最重要的。君子之道，或许起先貌似不同，但是心意相同后，实际上没有间隔。两个人心意相同而行动，其利刃能够斩断金属。这种比喻的目的在于强调两个人同心行动拥有巨大的威力，能够突破现实的重重阻碍。心意相同不仅在行动上有巨大的力量，在语言上也能够产生奇妙的效果。两个人心意相同而发出的语言，犹如兰草一样清香，使人有美妙的感受。

和同的依据在于"和"，根本在于"心"。人与人应当和谐相处，而没有乖悖违戾之心。如果只是一味求同除异，阿谀奉承，则难免有朋党勾结的祸乱。和同还必须以真诚为前提，祛除私意间隔，这样才能真正做到心意相同。如果将两个人之间的和同关系扩展到家庭、社会，则和睦、和谐的美好局面有可能实现。两个人同心，其利断金，如果整个社会国家和同，则能够焕发出勃勃生机，创造出繁荣昌盛。社会的和同，需要以诚待人，讲信修睦，才有可能实现。并且，和同的根本在于"心"，所以不忘初心，坚定执着，也是必要的。

子曰："知几[1]其神乎？君子上交不谄，下交不渎，其知几乎？几者，动之微，吉之先见者也。君子见几而作，不俟终日。"

——《周易·系辞下》

注释

〔1〕几：几微。几是离无入有，在有无之际。

译文

孔子说："如果能够预知事理之几微，则算是与神道和会了吧？君子与上者交往不谄媚，与下者交往不亵渎，就算是预知几微、穷究事理了吧？几，是事物变动的微小征兆，是吉凶的预先隐微显现。君子发现事理之几微就迅速行动，不等待一天终结。"

解析

这段话解释《豫》六二爻辞之义。神道微妙，寂然不测，如果能预知事理之几微，就差不多达到与神道和会的境界了。如果说预知几微的具体表现，那么君子不谄媚、不亵渎的态度，算是其中之一。从道器层面而言，上者指道，下者指器。君子冥合于道体而无所祈求，隔绝于器物而不交涉，因此不谄媚、不亵渎，这样才能够预知几微、穷究事理。可以说，想要知几穷理而达到和会神道的境界，君子必须直面本心，没有私欲的窒碍，通达于形而上之道与形而下之器。

几，是变动之初的微小征兆，包括事理的变动与心的变动。事理变动的征兆，是吉凶的预先隐微显现。如果能够预先知晓变动之几微，则能够避免凶而趋向吉。心变动的征兆，是善恶的显现。人心虽然只有微小的变动，天理固然发现，而人欲也已经开始萌生，因此几代表了善恶的分判、显现。几，是有变动而未成形，处于有无之间，因此察觉几，需要靠"思"。不思，则不能通晓幽微之几。

　　君子发现事理之几微就应当迅速采取行动，而不需再等待，以免错失时机。见几是君子凭借直面本心与聪明睿智的预先知晓，见几而作，是对见几的快速回应，两者都非常重要。就处理现实事务而言，预见先几，则可以避凶趋吉，促使事情朝向好的方面发展。就人心而言，预见几微变动，则能够警惕恶念而保持善念。当然，预知几微后，还应该有迅速回应的勇气，这样才能够获得实际的效果，完成知几的现实意义。

是故爱恶相攻而吉凶生，远近相取而悔吝[1]生，情伪相感而利害生。凡《易》之情，近而不相得则凶。或害之，悔且吝。将叛者其辞惭，中心疑者其辞枝[2]，吉人之辞寡，躁人之辞多，诬善之人其辞游，失其守者其辞屈。

—— 《周易·系辞下》

注释

〔1〕悔吝：悔恨顾惜。

〔2〕枝：树枝，指言辞分散好像闲枝。

译文

所以由于有贪爱、有憎恶，互相攻击，事物有得失，而吉与凶就在这种矛盾中产生。远近或相应，或相资取，取舍不当，则悔恨顾惜就由此产生。或以实情相感应，或以虚伪相感应，而利与害就由此产生。凡是《周易》各爻所比喻的事物情态，两相比近而不相得，则有凶患。或者遭遇外来的伤害，难免悔恨顾惜。将要叛逆的人其言辞必然惭愧，内心疑惑的人其言辞必然杂乱无章，吉善的人其言辞必然少而精炼，焦躁的人其言辞必然繁多，诬陷善良的人其言辞必然浮游虚漫，玩忽职守的人其言辞必然屈而不展。

解析

这段话集中于"情"，阐述《周易》所比拟的物象因情态的差异、矛盾，而产生吉凶、悔吝、利害等状况。人的情态不同，其言辞表现有所差异，可以从言辞特征辨析其心理状态。《周易》比拟的事物情态，正如现实中人的情态一样各不相同，可以从卦爻辞辨析事物的情态。可以说，《周易》具有竭尽情伪、明晰得失、预先察觉事机的功能。

既然人情与物情都会存在差异，那么通过言辞以"辨情"显得极为重要。如果一个人的心光明无蔽，则他所说的话语平正通达。同样地，如果一个人所说的话语有弊病，那么他的内心肯定也有失于正。不能通过言辞而了解说话者内心的真实情感与想法，就不能够真正了解一个人的品性。"辨情"需要心通达于道理，透过虚伪把握真实，这也是需要做修养工夫才能做到。"辨情"以了解人情与物情的真实状况，而后明确辨析得失，预先观察到发展的先机。这样，主体才有可能趋吉避凶，主导事情的动向。

就日常及社会活动而言，辨析真实感情与虚伪，也是非常有必要的。不管是人与人之间，还是人与物之间，以真实感情相感应，则导向利；以虚伪相感应，则导向害。因此在交往中，应当以"诚"为基准，恰当把握取舍，适当处理矛盾，促使情况朝向好的方面发展。

子禽〔1〕问于子贡〔2〕曰：“夫子至于是邦也，必闻其政。求之与？抑与之与？”子贡曰：“夫子温、良、恭、俭、让以得之。夫子之求之也，其诸异乎人之求之与！”

——《论语·学而》

注释

　　〔1〕子禽：姓陈，名亢。孔子弟子。也有人认为子禽是子贡的弟子。

　　〔2〕子贡：姓端木，名赐，卫国人。孔子弟子。

译文

　　子禽问子贡说：“夫子来到一个国家，必然听闻该国的政事，是打听到的呢？还是别人主动告诉的呢？”子贡说：“夫子是凭借温和、善良、恭敬、节俭、谦让而得知的。夫子得知的方法，和别人得知的方法大概不同吧！”

解析

　　子贡从五个方面描述了的孔子德行。温，温润敦厚，表现为面貌温和。良，心地和善，行为不触犯他物。恭，顺从不违逆，表现为接人待物的恭敬。俭，节制，去除奢华力行俭约。让，谦逊，表现为先人后己，是礼的主要精神。温、良、恭、俭、让，表现出孔子不干涉人君国政的诚恳，因此他不会招致怀疑和猜忌，反而能够获得信任。这证明了德行具有感召力。

　　德行的现实感召力，体现了儒学的宗教性。儒者通过修养完善自己的心性，使发自内心的道德情感，显示在举手投足之间。孔子温、良、恭、俭、让的德行，是以身体力行说服人，以精神感化人，以人格的魅力打动人。孔子修养自身的德行，德盛礼恭而不求于外，人君敬信而自愿向他询问国政。可见修养自身德性，真诚待人，是获得他人信任的重要途径。当然，儒家主张为己之学而反对为人之学，也就是说修养德性虽然实际上能够获得他人的信任，但是德性修养不能以此为出发点。如果为了获得信任而修养德性，就是有所求而为之，是私意的安排造作。

德行的现实感召力，也体现了儒学真精神并不是迂腐的、陈旧的，而是具有力量的重要思想资源。即使是在现代社会，个人德行的提升，依然对日常生活及国家政事具有重要而深远的影响。儒家倡导诚意、正心、修身、齐家、治国、平天下，有着深刻的含义与合理性。在国家倡导复兴中华优秀传统文化的今时今日，儒学思想的继承与发展，是不可避开的重要内容。对德行的倡导，是培养现代新人的必要措施，也是构筑新时代精神的重要来源。

子游[1]问孝。子曰："今之孝者，是谓能养。至于犬马，皆能有养。不敬，何以别乎？"

——《论语·为政》

注释

〔1〕子游：姓言，名偃，吴国人。孔子弟子。

译文

子游问孝道。孔子说："现在所谓的孝，是说能做到养活父母。至于狗、马都能够得到饲养，若不对父母心存敬畏，那怎么样区别赡养父母和饲养狗、马呢？"

解析

孝道是儒学的重要内容。物质层面的供养，是孝道的现实面向。精神层面的尊敬，是孝道的超越面向。如果只有物质供养，而没有敬爱尊重，只能称之为低层次的孝。如果缺少必要的物质供养，使父母遭受饥寒，即使百般尊重也不能称之为合格的孝。所以孝道应该是在满足基本物质供养的基础上，顺从父母的心意志向，和颜悦色地对待父母。对父母的尊敬体现在方方面面的小事上，不经意的疏忽也许会体现出轻慢的态度，因此还需要学习与父母相处的具体仪则。

孔子强调"孝"的本质是"敬"，是一种发自内心的宗教性的虔诚，是对父母亲恩的真挚感谢与回报。父母之爱子女天然而深厚，子女之爱父母则可能随时迁移，因此儒家先圣贤积极倡导孝道。儒家认为，没有这种通过孝道的宗教性体验与体悟，人的性情将是偏枯的。对父母的尊敬，延伸开来就是对天道的尊敬，反而言之，也就是对自我主体的尊敬。在尊敬父母、天道的同时，主体之人的灵魂与精神也会得到超越性的自由。

在物质极其丰富的今天，老年人的赡养，已经不再是物质供给的问题，而是精神安慰的问题。空巢老人缺乏照顾的问题逐渐凸显，急需采取合适的措施进行面对。一个社会的文明状况，极大程度上体现在对待老年人的态度。特别是在老龄化日趋严重的情况下，老年人的精神关怀值得全社会的关注与重视。

子曰："君子周〔1〕而不比〔2〕，小人比而不周。"

——《论语·为政》

注释

〔1〕周：广泛普遍。

〔2〕比：偏袒结党。

译文

孔子说："君子忠信而不勾结，小人勾结而不忠信。"

解析

周，本意指广泛普遍，可以训解为亲密。引申意指忠信，以道义来团结人。比，偏袒结党，以暂时的共同利害互相勾结。周与比，都有与人亲密的意思，但是周体现的是公的道义，比体现的是私的利益。外在行为虽然相似，但是内在的出发点却是截然相反。孔子深知似是而非的行为的危害，因此刻意分辨周与比，以端正人心。君子忠于自己的内心，并且诚信待人。小人被外在的利益蒙蔽内心，而结党营私。

君子、小人的区别，归根结底在于公与私。公是源于天道的公正，私是人欲的偏私。公与私，失之毫厘，谬以千里，必须仔细考察取舍。儒家认为主体当以君子人格作为期许，摒弃小人的行径。当然，不仅要对自身有道德追求，还必须清醒分辨他人与自身的关系，是出于道义相合的团结，还是由于利益的结交。因道义相合的团结是真挚的、长久的，利益的勾结只是短暂的各取所需。这也更加凸显出道义相合的珍贵。

公与私，是判定君子与小人德性的绝对标准，也是判定现实行为是否符合道德的依据。现实状况是，因为私欲的驱使，由利益而形成的勾结比比皆是。现代社会，必须秉持公平、公正、公开的原则，结党营私的不良社会风气，只会导致贪污腐化。当然秉公祛私是道德标准，如果想要达到现实效用，还必须制定相应的法律法规，采取必要的措施。

或〔1〕谓孔子曰："子奚不为政？"子曰："《书》云：'孝乎惟孝，友于兄弟，施于有政。'是亦为政，奚其为为政？"

——《论语·为政》

注释

〔1〕或：某人，有人。

译文

有人对孔子说："你为什么不出来参与政治？"孔子说："《尚书》上说：'孝呀，要孝顺父母，友爱兄弟，把这种风气推行到政治上去。'这也就是参与政治了呀，此外什么才是参与政治呢？"

解析

有人认为孔子多才多艺，疑惑他为什么不出来做官治国理政。孔子认为不是只有做官才算是为政，因此讲述了为政之道。孔子的巧妙之处在于通过论述孝道，指出孝道与政道相通。

孝道与政道相通，建立在古代社会家与国一体的政治模式之上。家庭是国的基础，国是家庭的扩大，孝道伦理的维系，就是政道的践行，治家之道和治国之道是相通的。孝、友，是齐家之要，为政之先，儒家经典《大学》就倡导"修身、齐家、治国、平天下"的模式。做官只是参与政治的形式之一，倘若孝顺父母，友善兄弟，并且推广此心，以为一家之政，以为一国之政，所行就是政道。询问孔子之人将为政理解地过于狭隘，只是看到了为政的表面，没有理解为政之道的根本。并且，能否出来做官，治理政事，是受外部条件局限的。并不是所有有才能的人，都能够有合适的机会施展抱负。孔子也是颠沛流离，宣讲自己的政治理念，但是那些理念都没有得到很好的实施。相反，孝道却是个体的道德实践，不仅没有太多客观因素的限制，而且能够提升主体的德性，推广开来，还能进一步影响社会风气与国家政事。

现代社会更多地强调公民的个体性，相对来说弱化了家庭对国家的影响，家庭成员之间的联系也日趋疏离。不过，不管处于什么样的社会环境，个体的情感是必然需要的。没有家庭滋养的个体，其情感是干枯的，其生命是缺乏活力的。即使社会构造有所改变，个体情感依然是不可或缺的重要纽带。这也是孔子维护个人自然情感的重要原因。孝顺父母与友爱兄弟，是个体的天然情感，这种情感的推广，就能影响整个社会国家。一个对父母兄弟麻木不仁的人，怎么还能期待他对社会国家充满感情呢？

林放[1]问礼之本。子曰:"大哉问! 礼,与其奢也,宁俭。丧,与其易也,宁戚。"

——《论语·八佾》

注释

[1] 林放:鲁国人。

译文

林放询问礼的本质。孔子说:"你的问题意义重大呀! 就一般礼仪说,与其奢侈华丽,宁可朴素俭约。就丧礼说,与其仪文周全,宁可尽情悲哀。"

解析

林放问礼的根本原则,孔子从两个方面具体论述。就奢侈与简约而言,礼虽然具有详细的仪则,但是礼的根本不在于外在的仪则,相对来说,礼的内涵更加重要,只要掌握了礼的内涵,简约的礼,也胜于外表奢侈而没有内涵的形式。就丧礼而言,人的悲伤情感是最重要的。如果徒有周到的仪式,而哀戚之心逐渐懈怠,则只是一场作秀,而礼的本质流失了。真挚的情感,才是丧礼应该有的呈现。

奢,指奢侈华丽的外在形式。俭,朴素俭约,接近事物的本质。易,指周到、和易,而悲哀的感情不足。戚,悲哀,是真诚之心的表现,接近丧礼的本质。奢、俭、易、戚,皆不符合礼。但是相对来说,俭、戚与礼的本质相近,因此宁愿选择俭与戚。礼的本意在于情文具尽，先有质而后有文，质为礼之本，不能以文灭质。先王制礼，缘人情世事而为之，因此践行礼以得中为贵，力求合乎天理、人情。

　　礼的根本在于仁，在于真实情感。孔子重视礼的仪则，更重视礼的本质，因此他反对空虚的形式主义。礼有外在的仪式和内在的意义，人们往往注重形式而忽略内在的实质。因为外在仪式，能够被别人看见，而内在的真实情感，只有自己知道。不仅是礼，一切的事物，都应当以本质为主。如果只搞形式主义，那么一切都将是没有支撑的空中楼阁。

子曰："居上不宽〔1〕，为礼不敬，临丧不哀，吾何以观之哉？"

——《论语·八佾》

注释

〔1〕宽：宽宏大度，宽厚。

译文

孔子说："居于上位不宽厚，行礼的时候不恭敬，参加丧礼的时候不悲哀，这种样子我怎么看得下去呢？"

解析

这一段话总言礼的本意。居上，指居于上位的人，即掌握权势的人。宽，宽宏大度，是仁德的体现。居上位的人应当以爱人为主，庇护弱势民众。如果掌握权势的人不宽厚仁德，则必然严厉苛刻，从而失去民心。居上位的人，原本有制作礼乐并引导民众践行的责任。上行而下效，则礼乐风化，移风易俗，民德归于淳厚。并且，由于居上位的人在权势上占有优先地位，他们的一言一行都将对民众产生巨大的影响，因此他们也就更加需要礼义的约束。敬，是义德的体现。行礼在于恭敬，不敬则流于傲慢怠惰。如果居上位的人行礼不恭敬，则得不到民众的尊重。参加丧礼的时候应当表现出内心的悲哀，不悲哀则流于和易。

居上以宽为本，为礼以敬为本，临丧以哀为本。以宽为本，就是心怀仁德，宽厚待人。不仅是居上位的人，即使是普通人，在相处的过程中，如果都宽厚待人，那么会避免许多紧张、压抑的人际关系。仁德与宽厚，也是缔造温情的社会关系的基本条件。以敬为本，就是满心虔诚，尊敬天地、父母、兄弟，以及一切物事。源于内心真诚的恭敬，是个体精神自由的钥匙。因为个体在自发恭敬地对待外在人事的同时，体验到自我愉悦与满足，从而得到自身精神的升华。以哀为本，就是保全人的自然而真挚的感情。人对于生离死别有感知能力，并且对于他人的喜怒哀乐有共情的能力。参加丧礼的时候，感知他人的悲哀而悲哀，是人保有自然感情的表现，不然则只是异化的产物，不能称之为人。

子曰："唯仁者能好〔1〕人，能恶〔2〕人。"

——《论语·里仁》

▌注释▌

〔1〕好：喜爱。

〔2〕恶：厌恶。

▌译文▌

孔子说："只有仁人才做得到（正确地）喜爱他人，厌恶他人。"

▌解析▌

仁者，首先是真性情之人。好恶之情，人皆有之。但只有仁者才能做到真正地喜爱一个人，真正地厌恶一个人，因为他没有杂念，"纯粹精也"，以诚待人，所以能够分别对善人与恶人表现适当的态度。而不仁之人，心多私欲，顾虑钻营，因此即使心有所好，不能真好。心有所恶，也不能真恶。《大学》有言："唯仁人放流之，迸诸四夷，不与同中国。此谓唯仁人为能爱人，能恶人。"这是对《论语》这一章的注解：对恶人的厌恶、拒斥本身就是对善人保护。因此，仁人绝对不是好好先生（孔子所说的"乡愿"），而是拥有好善恶恶的真性情之人。荀子讲："贵贤，仁也，贱不肖，亦仁也。"说的正是这个道理。

同时，这句话也告诉我们必须管理好个人的情绪，只有在正确的道德原则规范下，好恶之情的显明、发用才能恰当适中。在孔子的仁学思想体系中，仁不仅是道德情感，更是道德理性，是情理交融的统一体。仁德上承于天，下形于地，充实于人之主体，乃是一种思想的体系。人之所以为人者，仁也。只有具备了丰富的知识，历尽了人生之磨难，最后在生活的哲理之中真正悟透并掌握了儒家价值观，既仁且智的人，才能做出"里仁为美"，知仁、择仁、处仁的正确选择，其情感的显发也才能够真正地体现出"仁"的精神来。因此，王阳明讲："良知只是个是非之心，是非只是个好恶。只好恶就尽了是非，只是非就尽了万事万变。"这是说，我们每一个人都内在本具是非之心、好恶之情，关键在于我们能不能真诚地面对自身，能不能实实在在地"致良知于事事物物"。如果一味听任自己的主观直觉，不做克己、致知的实功，将放任沉溺于私欲而误认为是遂我是非之心的洒脱，这是值得警惕的。

子曰："君子欲讷〔1〕于言而敏于行。"

—— 《论语·里仁》

注释

〔1〕讷：迟钝。

译文

孔子说："君子希望言语要谨慎迟钝，工作要勤快敏捷。"

解析

孔子对于言行关系有过很多论述："敏于事而慎于言"；"先行其言而后从之"；"君子耻其言而过其行"；等等。可见，孔子一以贯之的是少说话，多做事的观点。因为说话总是容易的，而力行则是困难的。唯有先行后言，才能做到言行一致、知行合一，这是儒家的基本主张。钱穆在注解本章时说："敏讷虽若天资，亦由习。轻言矫之以讷，行缓励之以敏，此亦变化气质，君子成德之方。"这是说，言与行是我们可以后天培养的能力。如果一个人说得多，做得少，养成夸夸其谈，巧言令色的习惯，那么对于其人格修养、能力提升都是非常不利的。相反，一个言行一致，不轻于表态，注重落实的人往往能够以信服人，成就一番事业。张居正是著名的明朝政治家、内阁首辅，他讲："非惟不当言的不敢言，就是当言的，亦必谨慎收敛。不敢信口便说，以取失言之悔也。于行事则务欲其敏，除是有所不知则已，若知道当行的事，便奋发勇往，急急然惟恐失了的一般，不敢稍有怠缓，以致废时而失事也。欲讷于言，则

以诚待人 讲信修睦

203

言必能顾行，欲敏于行，则行必能顾言。"言顾行，行顾言，笃实
厚重，言行一致，这是我们立身行事、取信于人的基本要求。

子曰："德不孤，必有邻〔1〕。"

——《论语·里仁》

注释

〔1〕邻：亲近，伙伴。

译文

孔子说："有道者不会孤单，一定会有志同道合的人与他为邻。"

解析

只要诚心诚意待人接物，不可能没有志同道合的人前来相与为友。关键是自己是否真正地做到了"德"，是否做到了内外统一，表里一致，"忠"与"恕"一以贯之。以责人之心责己，以恕己之心恕人，与德为邻，将心比心，宽厚待人，必然就会产生"有朋自远方来"的绝佳效果。《易传》曰："同声相应，同气相求。"两个具有相同志趣、德行的人自然相感相应，结合在一起。《孟子》讲："恻隐之心，人皆有之。"人性本善，因此人们才必定亲近与支持有德者。同时，"德不孤"提示我们一个人的德业不是只靠自己一个人的力量，还有其他有德者邻近辅助才行。一群有相同德行的人聚在一起努力，而不是有德者的孤军奋战，才能完成礼运大同的世界。

不过，话要说回来，我们绝对不能希望任何时代都会出现这种令人欣喜的场景。比方，如果那个时代是一个笑贫不笑娼的时代，

以诚待人　讲信修睦

安心居住在"陋巷"中的颜回会有很多朋友吗？所以，笔者诚以为，真正有"德"的人，真正拥有了真理的人，应该同时具有孤胆英雄的气概和独立寒秋的胆魄，否则，在黑暗的年代，谁来传播圣道？谁来坚持真理和社会的良心？孔子云"岁寒，然后知松柏之后凋也"，此之谓也。

子与人歌而善，必使反[1]之，而后和之。

——《论语·述而》

注释

〔1〕反：重复。

译文

孔子同别人一道唱歌，如果唱得好，一定请他重唱一遍，然后自己诚心诚意地跟着他唱。

解析

《论语》此章透过近乎白描的手法，为我们展现了一个诚以待人、乐与人同的孔子形象，同时也富含乐教的意蕴。孔子深研乐理且喜欢唱歌，他与人一起唱歌的时候如果人家唱得好，他会请人重复唱，然后跟着一起唱。本章至少蕴含三层意味：其一，孔子尊重他人，待人以诚，不掩人之善，以歌和之，以礼应之。其二，孔子虚心好学，所谓"三人行必有我师"，善于发现他人的长处，并诚恳地向他学习、请教。这体现出的是孔子虚怀若谷，学而不厌的仁者之气象。其三，孔子非常喜欢音乐，这是不争的事实。《论语》还记录了孔子在齐国听到韶乐的演奏，"三月不知肉味"。可见孔子也拥有高超的音乐审美水平。《礼记·乐记》云："大乐与天地同和，大礼与天地同节。"乐是高雅的艺术，乐的作用就是调化致和，孔子这种做法就是很好地利用乐的调和作用与人进行深度的沟通交流，彼此获得共鸣。孔子讲："兴于《诗》，立于礼，成于乐。"

以诚待人　讲信修睦

《诗》启迪性情，启发心智，使人开始走上人性之道；礼以恭敬辞让为本，而有节文度数之详，学之使人成立；乐则是通过一种纯粹的艺术形式，直接作用于人的血气并影响人的思想感情，涵养人之性情，涤荡人之心灵，使人得到人性的完成。总而言之，孔子是非常重视音乐的教化作用的。音乐能塑造人的情感，对好的音乐反复的欣赏和演唱能形成人内在的情感结构，好的音乐作为一种教化形式往往能起到意想不到的教育效果。

子曰："恭而无礼则劳，慎而无礼则葸〔1〕，勇而无礼则乱，直而无礼则绞〔2〕。君子笃于亲，则民兴于仁；故旧不遗，则民不偷〔3〕。"

——《论语·泰伯》

注释

〔1〕葸（xǐ）：畏缩，害怕。

〔2〕绞：急切，急躁。

〔3〕偷：此处指人情淡薄。

译文

孔子说："恭敬却不知礼，就未免劳倦；谨慎却不知礼，就会懦弱畏缩；胆大却不知礼，就会违法作乱；直率却不知礼，就会过于急躁。君子厚待亲族，老百姓就会奔向仁德；君子不遗弃旧交，老百姓就不会冷淡无情。"

解析

恭敬、谨慎、勇敢和率直等虽然皆是美质，但人若没有对礼的自觉，不能素位而行，便会劳倦、畏缩、悖乱与伤人，所谓"不知礼，无以立也"。礼为人道之正，生于人情，又对人情有疏导品节的作用，它与乐共同构成西周礼乐文明的核心，形塑了士君子的价值与生活。知礼不仅要外面的行为合乎礼，而且要内心真诚地出于礼而行，才不至或为谄媚而恭，或为利害而慎，或为意气而勇，或为狂妄而直，而不能自立于人道之中也。君子依礼而行，厚待亲族，不遗故旧，民众自会有所兴起而向慕仁德，人情浑厚，终有淳朴的民风美俗，曾子进而提出"慎终追远，民德归厚矣"。在道德与人情的共同体中，孔子这里对礼的强调主要还是对为政的"君子"提出的要求，希望他们能够切实修身，率人以正，如此才能有合理之政。《孝经》讲："教民亲爱，莫善于孝；教民礼顺，莫善于悌。"孝，指报答父母的养育之恩；悌，指兄弟姐妹之间的友爱。孔子非常重视孝悌，认为这是做人、做学问的根本，因为这是人类最基本的伦理情感。《孝经》这句话是说，在上位的君子以真诚之心对待身边的亲人，民间就会兴起良好的崇尚道德之风尚；否则，世间也就不会充满真诚的情感。这与本章"君子笃于亲，则民兴于仁；故旧不遗，则民不偷"具有相同的意涵。

曾子曰："以能问于不能，以多问于寡；有若无，实若虚，犯而不校〔1〕，昔者吾友〔2〕尝从事于斯矣。"

——《论语·泰伯》

注释

〔1〕犯而不校：被冒犯却不计较。

〔2〕吾友：《论语集解》引马融曰："友谓颜渊。"

译文

曾子说："能者请教于无能者，博学者请教于初学者；有学问像没学问那样（如饥似渴），满腹经纶像一无所有那样（虚心求教）；遭受冒犯，也不计较，从前我的一位朋友曾这样做过。"

解析

曾子论述"以能问于不能，以多问于寡"等品质，涉及如何学习，也蕴含如何对待知识与道德的关系。曾子强调应该虚心向人请教学习，而不能以才能与学识骄人，即要以虚怀若谷的胸怀，从事以文会友的切磋琢磨之道。一般而言，相较于求知欲，保持心灵的开放与包容同样重要，甚至更为难得，因为不仅求知欲可能会出于名利的考量，而且知识也并不等同于人的修养或文化。相对于才能，曾子继而又深入一层，从心灵的角度论述为学之道。曾子指出要大其心胸，宽其度量，保持内心的虚灵，并以恕道待人，不因人与己的不同甚或违逆而愠怒，所谓"君子和而不同"，如此才能真诚地待人，正确地面对知识。传统儒者多认为曾子所提到的"吾

以诚待人 讲信修睦

友"是指颜渊，故多以颜子的"无伐善""不迁怒"来解释曾子之言，以彰显曾子对德的推许。

有论者以为"以能问于不能，以多问于寡"是刻意造作，不自然，实际上这完全是对此章的误读。我们每一个人首先是要真诚地面对我们自身，自己的内心到底如何思想，心性是否光明，达到何种程度？一旦反躬自省，必然能认识到自己的很多不足与问题，自然能向他人请教。一个人能做到不耻下问，说明他心存仁道，为了仁道、真理能不断精进学习，淡然了分别心、无高低贵贱，进入到一种"无我"的境界。因此"以能问于不能，以多问于寡"不是虚伪造作，恰恰是真性情的流露，是真诚的问道者应有的态度。

曾子曰："可以托六尺之孤〔1〕，可以寄百里之命〔2〕，临大节而不可夺也，君子人与？君子人也。"

—— 《论语·泰伯》

注释

〔1〕六尺之孤：指幼年孤儿。古人以七尺指成年，六尺指十五岁以下。

〔2〕百里之命：指一国之命脉。百里，方圆百里之地，指诸侯国。

译文

曾子说："能够托付给他幼小的孤儿，能够交付给他国家的命脉，面临国家安危的紧要关头，诚于内心，不动摇屈服，这是君子人吗？是君子人哪。"

解析

这是曾子谈论信义人格的一段话。曾子认为君子可以辅佐幼主，摄国理政，临大事而不糊涂，是在异常危难的情形下可以信赖或仰仗之人。《论语》"阳货"篇中说："宽则得众，信则人任焉。"为政的君子能够志向坚定，笃守信义，忠于其事，这是他得到群众信任的基础。相反，若见利忘义，贪图荣华富贵，以乡愿自饰，则鲜有能临难而不滥行者。君子之信，在先秦时为士大夫节气尊严之大事，有太多的故事可以说明信义人格在君子人生和人格中的重要性。《尚书》大传中说："周公摄政，一年救乱，二年克殷，三年践奄，四年建侯卫，五年营成周，六年制礼作乐，七年致政成王。"这记载的是周公辅成王的故事。周公姬旦是周武王的弟弟，在武王建立周王朝两年病逝后，辅佐周成王，从成王十三岁到二十岁，代理天子职权，一心朝政，忠心不二。周公摄政期间平定了武庚及"三监"叛乱，营建了东都洛邑（今河南洛阳），还为周朝制定了一套典章制度，彻底巩固了周王朝的统治，最后他"还政成王，北面就臣位"。这应该就是曾子所颂扬的君子人格吧。

这一章也蕴含着君子应有通常达变之才，否则临难亦终不济事，则曾子论德未尝离却才能，故其学为体用合一之学，其所述的为政君子亦为德才兼备之人。在家国的生死存亡之际，总有一群人秉持信念与道义，挺身而出，力肩斯任，不为权位、名利与议论等动摇，以确乎不拔之志，充民胞物与之仁，运扶危济乱之才，终平动乱、安危局。故而，曾子肯定如此作为之人就是君子。"君子人与？君子人也"，充分透露出曾子的认同甚或期待！

曾子曰："士不可以不弘毅〔1〕，任重而道远。仁以为己任，不亦重乎？死而后已，不亦远乎？"

——《论语·泰伯》

注释

〔1〕弘毅：志向远大曰弘，意志坚定曰毅。

译文

曾子说："士人不能够不宽宏大量而又果决能断，因为他负担沉重，路途遥远。以实现仁德为己任，不是很沉重吗？奋斗到死才算完，不是很遥远吗？"

解析

这段话是古代社会精英们使命意识和道义意识的精彩表达，千百年来一直成为鼓舞士大夫们自强不息，以天下为己任的经典格言。曾子认为士人要能够宏大刚毅，因为他所担负的任务重而要跋涉的路程远。人作为天地之灵，应当以天地为心，视生民万物与己息息相关，自觉地践履一体之仁，而一物不得其所，若己陷溺一般，故士人有参赞化育之责，岂非责任重大！士人之觉，并非血气或意气的一时之兴，乃以之为颠沛造次而不可须臾离之道，才有间断，便如同天地不交，万物不畅，故而，仁心恒运，至死不渝，如此岂不是路程遥远！士人之以仁为己任，非源于外物所加，而出于内心的道德自觉。曾子强调所养者深，才能所用者宏，如程颢所言"重担子须是硬脊梁汉方担得"，故要宏大刚毅，健而不息，此当效

以诚待人 讲信修睦

215

法于天吧！曾子既志于道，又对气禀物欲有真切的感受，则非有刚毅的品质很难完成其志向！此亦可见他笃实光辉的气象！在中国传统士大夫中，文天祥亦是这样的人物。他在抗元兵败被俘后，忽必烈曾多次许以高官厚禄，但他仍誓死不从，对父母之国忠心耿耿，最终选择从容就义。这不是"引刀成一快，不负少年头"一时的豪情侠气，而是"人生自古谁无死，留取丹心照汗青"那种死囚三年终不为所屈的坚韧不拔，视死如归。这才是曾子讲的"士不可以不弘毅，任重而道远"。这是值得我们中华民族每一位华夏儿女所敬仰和学习的。

子曰："出门如见大宾〔1〕，使民如承大祭。己所不欲，勿施于人。在邦〔2〕无怨，在家无怨。"

——《论语·颜渊》

注释

〔1〕大宾、大祭：大宾，诸侯之宾。大祭，禘郊之类的国家祭祀。

〔2〕在邦、在家：邦，诸侯国。家，卿大夫采邑。

译文

孔子说："出门做事，如同接待贵宾般谨慎；役使百姓，如同承当大典般小心。自己所不喜欢的，不要施加给别人。仕于诸侯不心生怨恨，仕于卿大夫也不心生怨恨。"

解析

"出门如见大宾，使民如承大祭"，说明与人交往要存敬守礼，内心要保持尊敬，遵守外在的礼节；"己所不欲，勿施于人"，讲的是恕道，能够将心比心，自己所不喜欢的事物也不强加在别人身上；"在邦无怨，在家无怨"，指的是不怨天、不尤人，以一种宽厚的心胸、无私的情怀与他人来往。因此，这一章指示的是人与人之间和谐相处的三项原则，即敬、恕与不怨。敬，指的是从内心里对他人的尊重。这种尊重既是人性上的，也是道德上的；既是对个人主体性的认可，也是为人处世的基本修养。

孟子讲："爱人者，人恒爱之；敬人者，人恒敬之"，主体间的真诚尊重是相互的。任何时候都要把人当作目的而不是手段，这是人际交往的最基本要求。"如""心"为恕，指的是将心比心、推己及人，设身处地为他人着想。恕道究其实质是以尊重他人为基础，把人与己看成平等自由的主体，以己心度他心，从而达到人、己的和谐统一，化解矛盾冲突，实现人际关系的良好互动。无怨，指的是宽恕，没有怨恨。每个人拥有不同的生长环境和才能。若埋怨自己的出身、生活境遇，嫉妒别人比自己过得更好，进而憎恨社会的不公等，此怨恨之心蒙蔽双眼，使其或不能尊敬他人，或以己之能事炫耀，或以己之强势迫人，此情今日尤甚。因此，不能把命运的偶然安排视为定论，而是要下学而上达，不怨天、不尤人，以此心境与人相对，心之仁体自然呈露，身心相发、内外交融，自然内心无怨。

司马牛忧曰："人皆有兄弟，我独亡〔1〕。"子夏〔2〕曰："商闻之矣：死生有命，富贵在天。君子敬而无失，与人恭而有礼。四海之内，皆兄弟也——君子何患乎无兄弟也？"

——《论语·颜渊》

注释

〔1〕亡：同"无"。

〔2〕子夏：姓卜，名商，字子夏。孔门"十哲"之一，"文学"科高才生，以整理文献见长。孔子殁后，子夏居西河教授，为魏文侯师。

译文

司马牛忧伤地说："别人都有兄弟，唯独我没有。"子夏说："我听说过：死生交给命运，富贵全凭老天。君子只管严肃认真，没有过失，对他人谦恭有礼，普天之下，到处都是兄弟——君子哪里用得着担心没有兄弟呢？"

解析

司马牛之兄魋、巢或奔或死，牛栖身异国，凄然孤立，流离无归，故有无兄弟之感。命者不由我主，天者外在之境遇，此皆非自身所能操控。"君子敬而无失，与人恭而有礼"，恭敬之礼操之纯熟，可从容中道。子夏之语，既是一番极真挚恳切之慰藉，又体现了儒者天下归仁的胸怀。兄弟关系，有指血缘而言，有指共同的信仰而言。儒家提出"四海之内，皆兄弟也"，仁义所在即兄弟（同志、朋友）所在。君子敬天命、慎人事，与人相处恭敬而礼让，那四海之内又不能与谁以兄弟相处呢？

　　"四海之内，皆兄弟也"后来被宋明理学家引申为"民吾同胞""天地万物一体之仁"的思想。张载《西铭》讲："乾称父，坤称母；予兹藐焉，乃混然中处。故天地之塞，吾其体；天地之帅，吾其性。民，吾同胞；物，吾与也。"乾道刚健，坤道阴柔，"刚柔相摩，八卦相荡"，乾坤精神代表的是宇宙生生不息的终极根源和内在动力，因而堪称为人类、万物共同的大父母。人是渺小的，和万物一样，共生共长于天地之间。故自我和他人是相互依存的血脉同胞，人类和万物是亲密无间的友好伙伴。在明代，这一思想又演变为王阳明"万物一体之仁"的主张："大人者，以天地万物为一体者也。其视天下犹一家，中国犹一人焉。"他认为，扩充人人所内在本具的良知之心，达到以天地万物为一体的境界，自然能视天下之人都如同自己的"昆弟赤子"、亲人一般。可以说，"民胞物与""万物一体之仁"的思想对当代人类命运共同体的建构仍具有重要的启示意义。

子曰："君子〔1〕成人之美，不成人之恶。小人〔2〕反是。"

——《论语·颜渊》

注释

〔1〕君子：道德品行高尚之人。

〔2〕小人：人格低下、卑劣之人。

译文

孔子说："君子助成别人的美处，而不促人作恶。小人与此相反。"

解析

"君子"和"小人"是《论语》中常常提及的一对概念，"君子"或指在位者，或指德行高尚的人，这里取第二义。除此之外，《论语》中出现"君子"和"小人"的语句还有"君子之德风，小人之德草"，"君子求诸己，小人求诸人"，"君子坦荡荡，小人长戚戚"。君子是德行典范的集中体现，对普通人起着教化、引导、规训的作用。君子和小人的根本区别在于心，君子只有存心宽厚、以诚待人、与人为善，才能"不忧不惧"。小人缺乏德行的修养，常常患得患失，重利轻义，因此，表现出来就常常是恶的。君子存着一颗诚心，成全事物之美，小人缺失这种诚心，是恶事的促成者。

君子小人之别不仅体现在对善的成全与恶的助长，更取决于人与天地万物之间的关系。君子保有诚心，一经发用，近则草木花鸟，远则山川大地，都无不受其诚心的感召，欣欣向荣。正如《孟子》中的"君子所过者化，所存者神，上下与天地同流"，君子的德行至高至深，能达到与天地流行变化为一体的境界。君子以德作为为人处世的依据，德不是外在的规范、准则，而是内化于人，成为人之为人的依据。"由仁义行，非行仁义也"，仁义是德的具体要求规范，人的行动就是仁义之德的发用。以君子作为德行的榜样，有助于扬善去恶，促进整个社会形成知荣辱、明是非的良好风气。在诚心的贯通下，人与天地万物终将融于一体之善。

樊迟从游于舞雩〔1〕之下，曰："敢问崇德、修慝〔2〕、辨惑。"子曰："善哉问！先事后得，非崇德与？攻其恶，无攻人之恶，非修慝与？一朝之忿，忘其身，以及其亲，非惑与？"

——《论语·颜渊》

注释

〔1〕舞雩：求雨时伴有乐舞的祭祀之台。

〔2〕慝：邪恶，怨恨。

译文

樊迟陪同孔子在舞雩台下游玩，说："请问怎样尊崇道德，怎样消除隐藏的怨恨，怎样辨别哪些是糊涂事？"孔子说："问得好！先劳动，而后收获，不是尊崇道德吗？对于缺点错误，自我批评，而不批评别人，不就消除了隐藏的怨恨吗？因为偶然的忿怒，便失去理智，甚至连累双亲，不是糊涂吗？"

解析

孔子对学生的教育总是因材施教、当下点拨。消除怨恨、分辨疑惑都是修养德性的具体表现。"德者，得也"，儒家的德是天道下贯在人身上的体现，因此以德为尊，重义轻利。《孟子》中对此有进一步发挥："君子所性，仁义礼智根于心。其生色也，睟然见于面，盎于背，施于四体，四体不言而喻。"仁义礼智之德是人心所固有的，但人需要不断去践行、保养德性，德性的涵养贯穿于万事万物。修慝的方法是"攻恶"，"专于治己而不责人，则己之恶无所匮矣"。对自我的反省和批评是修养德性的重要途径，即所谓"吾日三省吾身"。之所以会表现得愤怒而无法自控，是因为平日缺乏自我反省、修养的工夫。

《孟子》曰："万物皆备于我。反身而诚，乐莫大焉。强恕而行，求仁莫近焉。"人的德性由纯良无私的天道所赋予，人只要反躬自省就能意识到诚。诚的本性虽来源于天，但仍需要人不断地修养和实践，使之积极地发用流行。万物之理具于自身，人通过不断地推行诚的本性，就可达到仁义之境。仁义礼智都是诚的本性的表现，发用出来既可以消除自身的恶念，又可以生养万物，助天地之化育。人如果忽视诚的重要性，汲汲于外在的功名利益，就会丧失本性，是非争端由此产生，这是对人真诚本性的扭曲。一旦走入歧途，人就失去人之为人的本质，与天道的感通也就相距甚远。如果个人扭曲了真诚的本性，整个社会也会因此败坏，世风日下，人心不古。

子贡问友。子曰："忠告而善道〔1〕之，不可则止，毋〔2〕自辱焉。"

——《论语·颜渊》

注释

〔1〕道：开导，劝告。

〔2〕毋：表示禁止、劝告。

译文

子贡问对待朋友的方法。孔子说："忠心地劝告他，好好地引导他，他不听从，也就罢了，不要自找侮辱。"

解析

以诚待人是交友的重要方式。交友是为了增进仁德的修养，在与朋友交往的过程中，诚始终贯穿其中。忠告和引导都是发自诚心，既要以诚待人，也要以诚待己。交友是为了增进德性修养、涵养性情，而不是以骄乐、佚游、宴乐为目的。孔子曰："益者三友，损者三友。友直，友谅，友多闻，益矣。友便辟，友善柔，友便佞，损矣。"正直、诚信、见识广博的朋友是益友，谄媚逢迎、背后诽谤人、善于花言巧语的朋友是损友。《礼记·学记》道："独学而无友，则孤陋而寡闻。"人要以诚交友，更要以诚待友。净友就是诚心的发用，仁德的体现。真正的朋友必定是志同道合、相互勉励的，道不同则不相为谋，多次劝告引导朋友却没有成效，就不必要自取其辱。从另一面来看，无友不如己者，朋友必定在德性修

以诚待人 讲信修睦

养、学识视野等方面高于自己，在交往中能认识到自己的不足，过则勿惮改，因此益友能有助于致学、修道、进德。

仁德的增进是交友的根本目的。意诚而后心正，心正而后身修，本心是真诚无欺的，而后可将诚心推及万事万物。诚既是万物的终始，也是君子能够参天地、育万物的根本。诚是物之终始，不诚无物，故君子以诚为贵。人如果背离了诚心，走向蒙蔽自我、欺骗他人、假仁假义的邪路，就会丧失人之为之的根据，堕落到与禽兽无异的境地，这既是罪恶的渊薮，也是社会的败坏。人应该不断保存诚心，从修己、交益友作为起点，推己及人，在日常实践中体证仁道的贯通，从而与仁道浑然一体。

曾子〔1〕曰："君子以文会友，以友辅仁。"

——《论语·颜渊》

注释

〔1〕曾子：名参，字子舆，与其父曾点共同师从于孔子，是孔子思想的重要继承人。

译文

曾子说："君子用文章学问来聚会朋友，用朋友来帮助自己成就仁德。"

解析

在"以文会友"的基础上，曾子进一步强调"以友辅仁"，实际上意味着在交友之道的层面上实现了仁道。仁是儒家思想的核心概念，《论语》中有"人而不仁，如礼何？人而不仁，如乐何？"仁是礼乐文化的精神内核，礼乐是仁道的外在表现。仁者，爱人，"己所不欲，勿施于人"，交友的终极指向就是尽仁爱之道，儒家的修身工夫也都围绕仁的内核而展开。以仁为中心向外展开、通达的过程，也就是从日用伦常走向天命的感召。君子结交益友、增进学问都是以仁德的修养作为根本指向，由此能够达到至高至深的天道，由下学而上达，由人事达到天命，"我欲仁，斯仁至矣"。人不能从自身之外去寻求仁义礼智的来源，仁义礼智是人之所固有。《孟子》记载："求则得之，舍则失之。"仁德的关键在于对心的修养和培育，这也是诚的工夫。

保养诚心，需要不断地反省自身，在洒扫庭除、待人接物的日常事务中磨炼自身。正如孟子的养浩然之气，至善至诚之心的保育，也需要不断保有和培育。这种由诚心所发出的仁义之气，至大至刚，充塞于天地之间，流行于万事万物之中。保育诚心，才能"居天下之广居，立天下之正位，行天下之大道"。无论出于何种境遇都能独善其身，做到"富贵不能淫，贫贱不能移，威武不能屈"。浩然之气要用正直的品格培育，稍有懈怠就堕入不诚的境地。《中庸》道："唯天下至诚，为能尽其性；能尽其性，则能尽人之性；能尽人之性，则能尽物之性；能尽物之性，则可以赞天地之化育；可以赞天地之化育，则可以与天地参矣。"天地万物的核心在于诚，有了诚我们才能够尽人之性、物之性，以至于赞天地化育，感应天道。

子贡〔1〕问曰："乡人皆好之，何如？"子曰："未可也。""乡人皆恶之，何如？"子曰："未可也。不如乡人之善者好之，其不善者恶之。"

——《论语·子路》

注释

〔1〕子贡：姓端木，名赐，孔门十哲之一，善于言辞与雄辩。

译文

子贡问道："老乡们都喜欢他，这人如何？"孔子说："还不行。"子贡又问："老乡们都讨厌他，这人如何？"孔子说："也不行。最好是老乡中的好人喜欢他，老乡中的坏人讨厌他。"

解析

乡愿是孔子厌恶的一类人，乡，乡村，愿，谨厚，乡愿就是没有原则的伪君子，看似诚信厚道、清高洁净，实质上左右逢源、同流合污，丧失原则和底线。孔子说："乡愿，德之贼也。"乡愿是对德行的败坏和污染，背离了诚心。这样的人虽然能够讨得所有人的欢心，但真正的君子往往对这类人有所警惕。君子的言行举止发自诚心，光明磊落，正直坦荡，必然为小人所忌恨。在孟子看来，属于乡愿的这类人"非之无举也，刺之无刺也，同乎流俗，合乎污世，居之似忠信，行之似廉洁，众皆悦之，自以为是，而不可与入尧、舜之道，故曰德之贼也"。虽然不至于罪恶滔天，但是这样的人对德行的败坏是致命的，对社会风气的负面影响也是不可估量的，乡

以诚待人　讲信修睦

愿就是对诚心的扭曲，是对至真至善的背离。

　　想要保持诚心，最重要的是毋自欺，要想使得诚心向自己开放，向天地万物开放，还需要慎独的工夫。《大学》道："小人闲居为不善，无所不至，见君子而后厌然，掩其不善，而著其善。"慎独是实现诚的具体途径和工夫，在内实现诚心，在外就表现为做事合乎中道。此外，《大学》还提到："富润屋，德润身，心广体胖，故君子必诚其意。"君子以诚立身，好善恶恶，对不善之事避之唯恐不及。此心至诚至精，纯洁无瑕、不受污染，本心光明，是纯善无恶的。乡愿之人则与之相反，心是虚浮的，被外在的浮华的事物吸引，因此阿谀逢迎，蝇营狗苟，为了达到个人的私利无所不用其极。因此乡愿对德行的败坏是极其严重的，对社会风气的危害也自然不言而喻。

子曰："君子易事而难说〔1〕也。说之不以道，不说也。及其使人也，器之〔2〕。小人难事而易说也。说之虽不以道，说也。及其使人也，求备焉。"

——《论语·子路》

注释

〔1〕说：同"悦"，取悦，高兴。

〔2〕器之：量才而使人各得其所适。

译文

孔子说："在君子手下工作容易，却难取悦于他。不用正当的方法取悦他，他是不会高兴的。等到他用人的时候，却能使人各得其所。在小人手下工作很难，取悦他却容易。用不正当的方法取悦他，他会高兴的。等到他用人的时候，却会求全责备。"

解析

《论语》中有"君子不器"，意思是君子不能像器具那样，作用仅仅限于某一方面。君子在用人的时候，却能够使人各得其所。这是因为君子具备普通人所没有的至高的德行标准、宽广的胸襟、至精至深的智慧、知人善任的能力。孔子曰："君子谋道不谋食。耕也，馁在其中矣；学也，禄在其中矣。君子忧道不忧贫。"对君子来说，道义是第一位的，道既指形而上意义的流行不已的天道，也指现实日常中的道义规范。仁义礼智之德是道的具体体现，也是天道下落到人生命的具体彰显。因此，万事万物都要讲求一个道理，

以诚待人　讲信修睦

君子能够遵行具体的道义规范，在内充实自身，向外彰显出来，就是德行的充实。小人心中缺乏对道义的敬畏，所作所为都出于私欲，随心所欲，任凭欲望的无限膨胀而不加节制。君子和小人之别的关键就在于是否能恪守道义，这体现的是天理人欲之别，君子之心廓然大公，而小人之心则溺于一己之私，这是人心诚与不诚的分别。保有一颗诚心，所作所为都是出于公心，没有私欲间杂。而一旦失去诚心，人心就陷入逐物、逐利的状态，任由私欲的泛滥。

由诚心所发出来的就是一片光明、纯净无瑕的真心。人皆有此心，是否能保育、发用是人禽之别的关键。人若能保育诚心，近可孝顺双亲，远可化育万物。对社会来说，保育诚心有利于形成孝亲敬老、诚实守信、乐于助人、真诚友善的良好风尚，反之，则会导致社会道德沦丧，人性缺失。

子曰："刚〔1〕、毅、木〔2〕、讷近仁。"

—— 《论语·子路》

注释

〔1〕刚：坚强、刚强。

〔2〕木：质朴、朴实。

译文

孔子说："刚强、果决、质朴、慎言，这些品质近于仁德。"

解析

刚强、果断、质朴、慎言这四种品质接近仁德，刚毅是坚忍不拔，不屈服于现实的物欲，木讷是质朴淳厚，回归最本初的德性，不向外寻求功名利禄。这四种品行是仁德的体现，但孔子只说这是接近仁德。由此可见"仁"的要求标准极高。"仁者爱人"，把仁德贯穿到现实生活是不易的。仁是心之德，即便孔门中最贤明的颜回也只是"其心三月不违仁"。心想要实现仁德的境界需要不断地磨炼，正如孔子所说的"君子无终食之间违仁，造次必于是，颠沛必于是"，无论处于何种境遇之中，此心都能守持仁义，践行仁义道德，不为外在的功名利禄所动摇。颜回家境清贫，仍以道为乐，悠游于道义之中，自得其乐。孔子匡地受困，陷入绝境，和琴而歌，沐浴在仁德之中，这也是仁德的功用。仁德是诚心的实现，只有真诚无妄的心，才能实现仁德。

从个人的角度来看，人需要不断加强思想道德修养，慎独、诚

以诚待人 讲信修睦

233

意、修身的工夫，要把德行的操守放在重要地位。孔子说过："苟志于仁矣，无恶也。"立志于仁德，人就不会为非作歹。君子时刻以仁为道德之指向，任何时间及场合都坚持不懈。子曰："克己复礼为仁。一日克己复礼，天下归仁焉。为仁由己，而由人乎哉?"礼乐是实现仁德的重要手段，仁和礼是融为一体的，仁是内在的标准，礼是外在的根据，仁更为根本。想要改变社会风气，不仅需要礼仪规范的引导和制约，更关键的是人心的修养。人人以诚待人、守信修睦，社会才能越来越和谐。

子曰："可与言而不与之言，失人。不可与言而与之言，失言。知〔1〕者不失人，亦不失言。"

——《论语·卫灵公》

注释

〔1〕知：同"智"，即有智慧的人、聪明的人。

译文

孔子说："能够跟他说得通，却不跟他说，这会错失人才。不能够跟他说得通，却去跟他说，这是说错了话。聪明人既不错失人才，也不说错话。"

解析

君子之为君子，就在于他知人善任、智慧处事，其所说的话语都是有所讲究，有道依循，而不是散漫无凭。贵于言是诚信的表现，处事不偏不倚，能够使人信服。除此之外，君子贵在辨别人。不识人，则将失言，从而失信于人。君子坚持道义，言行举止都体现着道义的精神。诚信就是道义在人身上的体现。以诚待人、言而有信，才能得到大家的信服。终日空谈，言不及义的人是无所成就、浑浑噩噩的。道贯穿在仁德言语行动之中，事事物物都离不开道，事物的生灭、人事的兴衰都不离道。这种道，至高至深，所谓"形而上者谓之道，形而下者谓之器"，道虽然不像眼前的事物一样具体、实在，却是天地宇宙得以存在、变化、流行的根本原因。人的生存、长育的根本来源也是天道，仁义礼智之德的根本来源就是

以诚待人 讲信修睦

天道。"维天之命，於穆不已"，天道的运行，美好肃穆永不停。人要遵循天道的秩序，不能妄自菲薄，要将天赋的仁义礼智之德保有并长育之，也不能骄傲自大，以人代天，从而落入道德败坏的境地。

从社会的层面来看，想要形成诚信良好的社会氛围，离不开每个人的参与。人人应该以诚信作为安身立命的根本，这既是对玄妙天道的感应，也是对日常道德的践行。君子不失言、不失人的关键在于君子诚信待人，为人处世都能够以诚以信一以贯之，以身作则，从而对身边的人和事物起到化育的作用，对形成和谐友善、诚信互助的风气大有裨益。

子曰："躬自厚〔1〕，而薄责于人，则远怨矣。"

——《论语·卫灵公》

注释

〔1〕躬自厚：本当作"躬自厚责"，因下文有"薄责"故省略"责"字。

译文

孔子说："多责备自己，少责备别人，怨恨就离得远远的了。"

解析

孔子强调首先对自己的道德修养要严于律己，宽以待人。子曰："君子求诸己，小人求诸人。"君子和小人的分别在于君子总是反躬自省，从自己身上找问题，不断反思自身，从而不断提高。小人总是缺乏反躬自省的工夫，从外在的人和事物中寻求原因，从而产生愤恨不平的怨怒之气。孔子"忠恕"之道一以贯之，"己所不欲，勿施于人"和"己欲立而立人，己欲达而达人"就是忠恕之道的具体体现。责己厚，故自己不断提高修养、增进学识，责人薄，则别人就不会有所埋怨。这是温、良、恭、俭、让五种品行的体现，也是君子人格的彰显。反躬自省、薄责于人是诚的体现，对己真诚，不欺妄、不推诿罪责，以仁义礼智之德为做事的准则，对人真诚，不欺瞒、不怨恨。这样才称得上实现了诚心。心诚实无欺，就可以将诚心推扩到万事万物上，心廓然大公，毫无私欲间杂，所作所为全然出自公理，这是一种至高至精的境界。人能达到此境界，就能乐天知命，尊义轻利，不怨天尤人，不为外物动心。

　　人能够从道德、品行等方面严格要求自己，就是毋自欺，毋欺人，这样社会风气能够得到根本的改善，能够做到诚实守信、真诚待人。否则，每个人都苛责他人，不反躬自省，会导致人与人之间相互争斗，为了私利私欲丧失人性、违背道德，人就失去了为人的根本依据。社会也因此会变得乌烟瘴气、世风日下。这是对真诚之心的违背，对仁义之德的扭曲。

子曰："群居终日，言不及义，好行小慧〔1〕，难矣哉！"

——《论语·卫灵公》

注释

〔1〕小慧：小聪明，小才智。

译文

孔子说："整天混在一块，说的又毫不涉及道义，只喜欢卖弄小聪明，这些人难有所成啊！"

解析

孔子说："志于道，据于德，依于仁，游于艺。"宇宙、天地、万物的根本秩序是天道，天落实到人事中内化为人的德性。人之为人的根据在于仁义之德，人对於穆不已的天道有所感应和体会，从而落实到具体的人事活动中，天道的具体体现是仁义之德，人应该努力使仁义之德彰显出来。交友、进学都有向上的指向性，都是为了成就自己的德性修养，这是诚心发用流行的表现。群居当以善道相互切磋，如果群居以空谈终日，行小聪明而不入德，只会心生杂欲贪念，所欲求的目标都在义外，终日惶惶度日，无所长进，这是对诚的违背和扭曲。天道具有超越性，融贯在日常人伦之中。人能对天道有所感应并在日常中践行仁义之德的要求，就是诚，这是对个人生命意义的提升，这是从人的维度向天的维度的提升。

从现实的意义上来看，人应该以君子作为自己的行为楷模。首先要立足于个人的生命生活中，"养浩然之气"，修养培育自己的诚

239

心，至精至真，不为外在的功名利禄所动。其次要在人的日用伦常中体现诚心，读书、交友都是为了在道义上有所收益，而不是装点门面、卖弄才学。人以道义为遵循的方向，就能将个人的生命与天道融合起来，参天地、育万物，与万物浑然一体。人人尊崇道义，社会的不诚之风就能得到改善，为培育以诚待人、讲信修睦的良好风气奠定基础。诚实守信必定能使得家庭、学校、社会的风气焕然一新，人的道德水平也能得以提升。

子曰:"君子义以为质,礼以行之,孙〔1〕以出之,信以成之。君子哉!"

——《论语·卫灵公》

注释

〔1〕孙:同"逊",谦逊的意思。

译文

孔子说:"君子以义为根本,按照礼仪行事,言语谦虚,靠诚信取得成功。这才是君子呀!"

解析

"义"和"礼"的关系,是体和用的关系。"义"出自于和私欲相对立的公心,"礼"是这种正当性意识的外化表现。"礼"作为一种伦理规范,无疑受到具体社会环境、风俗习惯或人文教育的影响。如果没有"义"作为基础,没有一种公心的正当性意识作为支撑,那么如此遵守礼就如无根之木,麻木不仁,甚至会沦为伪善。所以正如孔子所说,"君子义以为质。"反而言之,不把义以为质的人,即使遵从一种外在的社会规范,也是"小人"。同时,把"义"作为社会伦理规范的基础,对于天命权威的打破,对于人文意识的觉醒有巨大的作用。

学习"礼"的人首先要具有"仁义"的气魄,没有捍卫道义之精神,"礼"是不可能学好的,孔子把"义"作为伦理建设的重要基础,就强调了人自身在创造价值时的作用,体现了人之为人的自身的价值。把"义"作为行事之根本，就会按照公心来规范自己的所作所为，而不仅仅是社会所约定俗成的规范。反思并扬弃自身的私欲，将这种正当性意识用行动外化于现实。在将公心外化现实的过程中，逐渐意识到自己在这种道德意识下的渺小和不足，因而谦虚谨慎。公心逐渐克服洗涤了自身的私欲，因而避免了欺骗和伪善，达到一种自我坦诚的境界。因为真诚待人得到人们发自内心的肯定和信赖，互帮互助，合作共赢，就会更容易取得成功。能做到这样状态的人，诚人诚己，讲信修睦，真正理解到儒家的精神实质，在促进人际和谐交往中体验到人的价值，乐在其中，弘毅精进，才算是真正的君子。

子贡问曰："有一言而可以终身行之者乎？"子曰："其'恕'〔1〕乎！己所不欲，勿施于人。"

——《论语·卫灵公》

注释

〔1〕恕：待人接物过程的推己之心。"忠"和"恕"综合起来，就是"忠恕之道"。

译文

子贡问道："有一个字能够终身奉行的吗？"孔子说："大概是'恕'吧！自己不想要的东西，不要强加给别人。"

解析

"恕"是理解《论语》思想的关键。"恕"是一种恻隐—共情结构，外化到现实就是礼，是"己立立人，己达达人"的崇高情怀。孔子忠恕之道，就是在仁和礼、个人和集体内在张力的统一，个人的人生价值只有在人伦、群体关系中才得以实现。《论语·里仁》载曰："子曰：'参乎！吾道一以贯之。'曾子曰：'唯。'子出。门人问曰：'何谓也？'曾子曰：'夫子之道，忠恕而已矣。'"朱熹在《论语集注》中对此解读为"尽己之谓忠，推己之谓恕。"在促进人际和谐关系的道德践履中，君子获得人生价值的安顿。推己及人，自己所不想要的东西，不强加给别人。如果从现实角度来说，我们为什么一定要推己及人呢？我们如果不推己及人就不能得到快乐吗？

大部分通过感性刺激所带来快乐是短暂性的。由现代性所带来的粗糙的个人主义，为一些廉价的享乐主义大开方便之门。这种快乐的本质是欲望，对欲望的扬汤止沸，只会产生更多的欲望，无疑为饮鸩止渴。在欲望中迷失自身，成为资本和欲望的工具，进而被反噬。这种快乐实际上就是苦，因为需要依赖一定的条件。乐依赖于苦，因苦而得乐，缺少稳定性和持久性。为了丰富多彩的多种多样的乐，为之奋斗，拼命，甚至犯罪。这些乐需要依靠外在的诸多条件和他者才可以得到。为得到乐，就必须想方设法去得到这些外在条件和他人帮助，就需要劳作、筹划、奋斗，心灵被私欲所劳累，在复杂多样的感性刺激中寻求更强烈的刺激，终日碌碌而不知其所终。总而言之，不经过他人同意的快乐起源于痛苦，形成快乐的过程依赖于痛苦，在瞬间的满足后，恶性循环，最终导致的也是痛苦。换而言之，推己及人所能得到的幸福，是他人所认同，他人所肯定的幸福、是经得起他者模仿的幸福、是有限性经验所把握到的幸福，是一种在共在条件下的，促进人际关系和谐并得到满足的持久的、深厚的幸福。

孔子曰："益者三友，损者三友：友直，友谅，友多闻，益矣；友便辟〔1〕，友善柔〔2〕，友便佞〔3〕，损矣。"

——《论语·季氏》

|注释|

〔1〕便辟：奉承。

〔2〕善柔：谄媚。

〔3〕便佞：圆滑善辩，夸夸其谈。

|译文|

孔子说："有益的朋友三种，有害的朋友三种。同正直的人交友，同诚信的人交友，同见闻广博的人交友，便有益了。同谄媚奉承的人交友，同当面恭维背后毁谤的人交友，同夸夸其谈的人交友，便有害了。"

|解析|

俗话说"近朱者赤，近墨者黑"，当一个人被别人别有用心的过分放大优点，忽略其缺点的时候，则生骄傲之心，自大之心，甚至目中无人。在被"认同""欣赏"或"崇拜"的糖衣炮弹下不自觉滑向危险的深渊，甚至在看到谄媚可以为自己谋得利益之时，也进行模仿和学习，近墨者黑，为了利益毫无原则。一个正直的人，则问心无愧，坦坦荡荡。看到朋友有什么缺点，会及时指正。看到朋友的优点，也是发自内心的喜悦。正直的人有自己的原则，近朱者赤，有这样的朋友可以相互促进，相互提高。如切如磋，如琢如磨。

孔子说："巧言、令色、足恭，左丘明耻之，丘亦耻之。匿怨而友其人，左丘明耻之，丘亦耻之。"一个巧言令色的人，则缺乏坦诚，虚假伪善，两面三刀，即使获得再多的财富和地位，自己的身心也在缺乏关爱和理解中饱受折磨和痛苦，甚至成为一个"面具人"。一个得不到他人认同和肯定的人，一个在担惊受怕和虚伪警惕中生活的人，很难能够得到发自内心的幸福感。人性也在其中被扭曲，成为畸形的人格的恶性循环。一个坦诚的人，很难不会得到别人的肯定和信赖。

一个整日夸夸其谈的人，则眼高手低，缺乏脚踏实地，甚至日生浮躁之心。一个见多识广的人，则会为无限的知识海洋，圣贤的道德魅力所折服，谦虚、精进、自律。而且，他们会有更系统成熟的价值观念，在社会环境复杂多样的享乐主义中所反思、批判，取舍，追求一种安宁祥和的幸福生活。如孔子所说"女为君子儒，无为小人儒"，和这样的人交友，能够逐渐摆脱狭隘的视野，为自己心灵挺立安身立命之所。同时，"益者三友"也提醒了我们，想要交到这样的朋友，自己也需要努力做这样的人。

所恶于上，毋以使下；所恶于下，毋以事上；所恶于前，毋以先后；所恶于后，毋以从前；所恶于右，毋以交于左。所恶于左，毋以交于右。此之谓絜矩之道〔1〕。

—— 《礼记·大学》

注释

〔1〕絜矩之道：絜，度量；矩，画直角用的尺子，可以引申为法度。这里指规范人际交往的道理。

译文

对于上级所做的让自己厌恶的事情，不要用来对待下级；对于下级所做的让自己厌恶的事情，不要用来对待上级；对于前辈所做的让自己厌恶的事情，不要用来对待后辈；对于后辈所做的让自己厌恶的事情，不要用来对待前辈；对于身右的人所做的让自己厌恶的事情，不要用来对待身左的人；对于身左的人所做的让自己厌恶的事情，不要用来对待身右的人。这就是用来规范（人际交往）的道理。

解析

这一段是"己所不欲，勿施于人"观念的体现和深化。作为复杂多样的社会关系中的个体，我们有着不同的社会身份，在社会岗位中作为上级、同事或者下级；在日常交往中作为朋友；在家庭里作为父母、作为夫妻、作为子女，需要尽自己不同社会身份的义务。这种义务不是负面的对人自由的限制，恰恰相反是人们可以筹划幸福生活的前提。从否定的角度说，离开了共在环境，我们想要获得幸福，甚至生存下去都是不可能的，如同抓住自己的头发想要离开地面。从肯定角度说，在这种共在环境的和谐交互中，我们的人生有了超越感性享受的价值和意义。无论我们在工作中作为上级还是下级，无论我们在家中作为长辈还是晚辈，无论我们作为同事还是朋友，都应该理解他人、关爱他人，从而也会得到他人的认可。而做到这一点比较有效的途径就是推己及人，自己所厌恶的事情，不强加给别人，哪怕我们作为上级或是长辈。

做到如此境界是不容易的，《论语》中当子贡说"我不欲人之加诸我也，吾亦欲无加诸人"，孔子说"赐也，非尔所及也"。我们从逻辑上不难认同"己之所恶，勿施于人"的理念，但是落实在日常践履中，却不是一件轻松的事情，需要发自内心的认同与体验，形成一种不待勉强的道德境界状态。也就是说，要达到"仁"之境界才可以做到。而能够达到"仁"，那就是圣人了，孔子不仅完全不承认自己抵达"仁"的境界，也从来没有认为自己的学生达到了这种境界，是一位谦虚的老者。但是，这并不是说我们为这种道德境界所做的努力没有意义。我们通过不断地反省，克制将自己不喜欢的事情强加给别人的想法，批判自己的所作所为，在日常小事中不断锻炼自己，仍然是通向"仁"的正确方法。正如孔子所说"能近取譬，可谓仁之方也"。

人皆有不忍人之心〔1〕，先王有不忍人之心，斯有不忍人之政矣。以不忍人之心，行不忍人之政，治天下可运之掌上。

——《孟子·公孙丑上》

注释

〔1〕不忍人之心：同情怜悯他人之心，为孟子思想中的重要概念，是人自身所固有的，但需要通过情感来外化，建立在"恻隐之心"的基础上。

译文

人都有怜悯、同情他人的心。先王有这种怜悯之心，所以才有怜悯他人的政略。用怜悯他人的心，来实施怜悯他人的政略，治理天下就能运转于手掌之上。

解析

正确理解"不忍人之心"，是把握《孟子》思想内容的重要抓手。这种"不忍人之心"，正是贯穿个人修养和社会治理的重要精神动力。孟子进一步举例说明为什么人们都有这样的心，他说，当我们看到一个孩子将要掉入井中的时候，我们会产生担心、不忍和同情之心，本能地去救他。这样做并不是为结交孩子的父母家人，也不是为了得到乡亲和朋友的称赞认可，不是因为讨厌孩子的哭声才那样做，仅仅是因为我们内心所存在的善念。以此，孟子得出结论，"由是观之，无恻隐之心，非人也；无羞恶之心，非人也；无辞让之心，非人也；无是非之心，非人也。"有同情之心，是"仁"的发端；

有羞耻之心，是"义"的发端；有谦让之心，是"礼"的发端；有是非之心，是"智"的发端。当我们认识并扩充我们内心的善端，自然而然就会为其在公共治理中外化而奋斗。

具有这四种善端却认为自己不行的人是自暴自弃，所以，君主有不忍人之心，就会有不忍人之政。行不忍人之政，实际上就是"仁政"。施行仁政，那么治理天下就容易。正如孟子所说："以力服人者，非心服也，力不赡也；以德服人者，中心悦而诚服也，如七十子之服孔子也。"施行仁政，不仅仅是道德上的被认同，而且能获得社会交互关系的和谐，孟子指出，如果后考虑义，先考虑私利，那么不全部夺取掉是不会得到满足的。仁者从来不会抛弃他的宗族，重义者不会不管他的君主。从结果来看，施行仁政可以获得更多的公利，孟子对之描述道："谷与鱼鳖不可胜食，材木不可胜用，是使民养生丧死无憾也。养生丧死无憾，王道之始也。"如果从私欲而不是从公利来实行政治治理，就如同杀鸡取卵，饮鸩止渴，不能称为"王道"。

天时〔1〕不如地利〔2〕，地利不如人和。

——《孟子·公孙丑下》

注释

〔1〕天时：指以阴阳时日占卜得到的反馈。

〔2〕地利：地理条件位置的优势。

译文

双方行军作战中，以阴阳时日占卜所占据的优势，不如地理条件位置的优势。地理条件位置的优势，不如人心向背的优势。

解析

在当时诸侯争霸的历史背景下，带兵打仗对一个国家来说，无疑是十分重要的事情，因而引发先秦诸子对军事问题的反思和讨论。例如《孙子兵法》在首篇指出影响军事用兵的重要因素，按照重要次序排为"一曰道，二曰天，三曰地，四曰将，五曰法。"孙子所说的"道"近似于孟子所说的"人和"，《孙子兵法》说："道者，令民与上同意也，故可以与之死，可以与之生，而不畏危。天者，阴阳、寒暑、时制也。地者，远近、险易、广狭、死生也。"孟子对"天时""地利"内涵的理解和孙子没有本质不同，几乎是相一致的，只是在重要性排序上有所先后。虽然对天时和地利重要性排序的看法不同，无论是孙子还是孟子，二者都认为人心向背是军事行动中成功最重要的条件。

孟子认为，"得道者多助，失道者寡助。寡助之至，亲戚畔之；

多助之至，天下顺之。以天下之所顺，攻天下之所畔，故君子有不战，战必胜矣。"施行仁政的国家，国君和百姓同乐，人们生活富足，团结一致，那么君主会得到人民真心的拥护。不施行仁政的国家，国君残暴贪婪，贪图享乐，压榨贫苦百姓，使得百姓揭竿而起，众叛亲离。这样的话，施行仁政的国家进攻不施行仁政的国家，无论后者山川多么险要，城堡多么坚固，兵器多么锋利，是没有不可战胜的，因为这是符合正当性原则的，是历史的必然潮流，得人心者得天下。不只是在军事层面上，在我们日常生活中同样如此。讲信修睦，是促进和谐交互人际关系的基础，是国家昌盛繁荣的重要条件，也是国际社会实现人类命运共同体的必要途径。

孟子曰："恭者不侮人，俭者不夺〔1〕人。侮夺人之君，惟恐不顺焉，恶得为恭俭？恭俭岂可以声音笑貌〔2〕为哉？"

——《孟子·离娄上》

注释

〔1〕夺：夺取。

〔2〕声音笑貌：这里指外在上的形式。

译文

孟子说："谦恭者不欺辱他人，俭朴者不强取豪夺他人。欺辱、强取别人的国君，唯恐别人不顺从他，又怎么能做到谦恭俭朴呢？谦恭俭朴岂能就通过声音和笑容来做到呢？"

解析

一个真正谦恭的人，认识到自己在浩瀚的宇宙和圣贤人格魅力下是多么的渺小，会对宇宙和他人产生一种不待勉强的敬畏和仁心，以此获得内心深切的和乐，又哪里会意欲通过欺辱他人来获得快乐呢？一个以仁为己任，不断在世间践履中挺立道德人格的人，是不会"耻恶衣恶食"的，因此也没有意愿去强取豪夺，保持一种俭朴的生活。反之，如果一个人因为担心遭到对方的反抗而不敢欺辱他人，因为担心别人的反扑而不去强取豪夺别人，做出俭朴、谦逊的姿态出来，实际上还是会不自觉地走向欺辱他人，强取他人。这种对自己的克制如同扬汤止沸，而不是釜底抽薪。如果仅仅是因为耳熏目染的社会环境塑造成谦卑人格，因为潦倒而省吃俭用，虽然在道德上不算恶行，但是这也只是一种形式上的谦恭或勤俭，或者说是外加的，而不是真正自我认同的。严格意义上这也不能称为孟子所讲的"俭"和"恭"。

放眼国家来看，如果一个国君只是为了满足自己的欲望，那么必然会愿意欺辱、强取豪夺国家臣民，其担心的事情可能仅仅是别人是否能顺从，因此形成某种形式上的部分妥协，如同演员在演戏一般，看似惟妙惟肖、生动形象，实际上做不到发自内心的真诚的谦恭俭朴。面子工程不可取，一种内心的自我认同才是关键。从世俗算计角度来看，欺骗终究是欺骗，阳奉阴违，迟早会在被别人揭露中失去他人的肯定和信赖。从人生价值角度来说，自己也会在这种欺骗中失去自我，成为一个沉迷物质享受的走肉行尸，难以达到一种值得称道的幸福。

孟子告齐宣王曰："君之视臣如手足，则臣视君如腹心。君之视臣如犬马，则臣视君如国人〔1〕。君之视臣如土芥，则臣视君如寇仇。"

———《孟子·离娄下》

注释

〔1〕国人：这里指如同路人、常人。

译文

孟子告诉齐宣王说："君主看待臣属如同手足，那么臣属就看待君主如同腹心；君主看待臣属如同犬马，那么臣属就看待君王如同常人；君主看待臣属如同尘土草芥，那么臣属就看待君主如同强盗或仇敌。"

解析

孟子的君臣之道认为，君臣关系应是互相尊重、互相扶持的，都应该尽到自己的责任和义务。如果君主倒行逆施、不得人心，臣属也可以奋起反抗，对君主单方面的残暴统治是批判的，体现出一种仁政的内涵。因而，君主的权威在"道"不在"人"，施政治民的正当性要高于个人性。换句话说，臣属以"礼"对待君王不代表着一种盲目的效忠。《孟子·梁惠王下》中齐宣王问孟子，商汤流放夏桀，武王讨伐纣王，臣子弑杀君主这样做可以吗？孟子回答道说一个不仁不义之人，哪怕他的社会地位尊贵，也只是一个独夫而已，不配称之为君王。所以，"闻诛一夫纣矣，未闻弑君也"。对于这样的君主，臣属可以不承认其统治合法性，所以就不用以礼待之。听从臣子进言，接纳臣属进谏，因而施政的恩惠能够下达百姓的君主，才值得以礼待之。

不仅仅是臣属可以有权利和残暴不仁的君主相对立抗衡，百姓民众同样如此，孟子为革命提供了正当性依据。《孟子·尽心下》载曰："民为贵，社稷次之，君为轻。"君主权利的正当性来自于天命，而民心则是天命的体现。顺从民意，促进君臣和谐、君民和谐共处，那么下级自然就会肯定并信任君主。孟子精辟地指出："桀纣之失天下也，失其民也；失其民者，失其心也。得天下有道，得其民，斯得天下矣。得其民有道，得其心，斯得民矣。"推己及人，才是构建和谐关系的抓手。如果君主能发自内心的善待臣民，施行仁政，以诚待人，讲信修睦，臣属怎么能视君主如常人，甚至视之强盗和仇人呢？

孟子曰："君仁〔1〕莫不仁，君义〔2〕莫不义。"

——《孟子·离娄下》

注释

〔1〕仁：恻隐之心。

〔2〕义：羞恶之心。

译文

孟子说："君主仁，那么没有人不仁；君主义，那么没有人不义。"

解析

在当时社会，君主是一国之中最尊贵的人，君主的行为自然而然是臣属百姓的榜样，在社会关系中影响甚大。正如《大学》指出，"未有上好仁而下不好义者也。"君主也是国家的首脑，君主的品德对于国家的兴衰成败起到重要的作用。孟子认为实施仁政才能够和悦百姓、保其社稷，得到天下。另一方面，一个仁义之人，在生活践履中也会获得快乐。君主讲信修睦，以诚待人，那么臣属自然也会心悦诚服，发自内心地上行下效了。如《孟子·告子上》载曰："心之所同然者何也？谓理也，义也。圣人先得我心之所同然耳，故理义之悦我心犹刍豢之悦我口。"用仁义之道来愉悦我们的内心，像猪肉、牛肉愉悦我们的口味一样。无论是作为上级还是下级，前辈还是晚辈，我们内心都有着可以相通的地方，那就是仁义之心。因为仁义之心是公心，是可以获得普遍性认同的，而非只具有特殊

以诚待人 讲信修睦

价值的私心。

那么，君主如何才能成为尧舜这样的明王，进而"由仁义行"呢？孟子认为人们都有成为尧舜的可能，成为尧舜并不意味一定要取得尧舜这般伟大的成就，而是在行为上、在信仰上以尧舜为目标，仁义就体现在日常扫洒进退的人伦道德之中。孟子说："尧舜之道，孝弟而已矣。子服尧之服，诵尧之言，行尧之行，是尧而已矣；子服桀之服，诵桀之言，行桀之行，是桀而已矣。"孝悌就是仁义之心的重要体现，无论是天子还是庶民，都是能够做的。具体的规范准则，如《孝经·天子章》对君主的孝道要求较高，"爱敬尽于事亲，而德教加于百姓，刑于四海。盖天子之孝也"。天子应该侍奉敬爱自己的父母，将道德教化施行天下百姓之中，并将其作为周围各族群的榜样，这就是天子的孝道了。

孟子曰："君子所以异于人者，以其存〔1〕心也。君子以仁存心，以礼存心。仁者爱人，有礼者敬人。爱人者，人恒爱之。敬人者，人恒敬之。"

——《孟子·离娄下》

注释

〔1〕存：存养，涵养心性。

译文

孟子说："君子之所以不同于常人，是因为他们所存的心。君子把仁存于心，把礼存于心。仁人关爱他人，有礼的人尊敬他人。关爱他人的人，人们常常关爱他；尊敬他人的人，人们常常尊敬他。"

解析

孟子认为人人本都具有仁义之心，圣贤就是因为保留之而和禽兽相区分。但是因为私欲等原因，其他人不同程度地抛弃了仁义，所以才会有圣贤、平常人和小人之分。保持仁义之心，需要对自己为人处世、人际交互、言行举止等的反省。孟子说："有人于此，其待我以横逆，中则君子必自反也：我必不仁也，必无礼也，此物奚宜至哉？其自反而仁矣，自反而有礼矣，其横逆由是也，君子必自反也：我必不忠。自反而忠矣，其横逆由是也，君子曰：'此亦妄人也已矣。如此，则与禽兽奚择哉？于禽兽又何难焉？'"君子在面对问题时应该首先反思自己的不足，如果自己问心无愧，坦坦荡荡，就没有必要患得患失，怨怒他人，得饶人处且饶人，不让自己本心受到冲动私欲或烦扰意见的染污。孟子说："人之所以异于禽兽者几希，庶民去之，君子存之。舜明于庶物，察于人伦，由仁义行，非行仁义也。"君子把仁义存于心，其中带来持久的、稳定的、自己为自己提供动力的幸福，这种幸福是物质利益所买不到的。小人把利欲存于心，成为感性欲望和物质利益的工具，也很难能真心获得他人的尊重。如果我们从得失计较的角度来谈，维护公共性，才能更好地维护个人权利。道德是具有利他性的，在利他性中我们反而获得比粗糙的个人主义更多的东西。

上升到国际层面亦然，零和博弈在当今是行不通的。和平与发展是时代的主题，在面对恐怖主义、新冠病毒、环境保护等国际重大问题没有人能够独善其身，也没有哪一个国家能够独立面对。全球化将世界各国逐渐捆绑在一起，没有哪一个国家能够独自发展。以诚待人，和谐共处，共同发展，讲信修睦，美美与共，建设人类命运共同体，才是我们人类追求幸福生活的真正出路。

责任编辑：洪　琼

版式设计：顾杰珍

图书在版编目（CIP）数据

以诚待人　讲信修睦／欧阳祯人 编著 . —北京：人民出版社，2022.5

（典亮世界丛书）

ISBN 978－7－01－023978－1

I.①以…　II.①欧…　III.①中华文化－通俗读物　IV.① K203–49

中国版本图书馆 CIP 数据核字（2021）第 237114 号

以诚待人　讲信修睦

YICHENGDAIREN JIANGXINXIUMU

欧阳祯人　编著

人 民 出 版 社 出版发行

（100706　北京市东城区隆福寺街 99 号）

北京中科印刷有限公司印刷　新华书店经销

2022 年 5 月第 1 版　2022 年 5 月北京第 1 次印刷

开本：710 毫米 × 1000 毫米 1/16　印张：16.75

字数：250 千字

ISBN 978－7－01－023978－1　定价：77.00 元

邮购地址 100706　北京市东城区隆福寺街 99 号

人民东方图书销售中心　电话（010）65250042　65289539